AF721098

Franzius

Reinhold Franz-Reisert

TRET-MÜHLEN TREUE

Roman

Ein Buch aus dem FRANZIUS VERLAG

Cover: Simone C. Franzius
Bildlizenzen: shutterstock
Lektorat & Korrektorat: Sigrid Wohlgemuth
Verantwortlich für den Inhalt des Textes
ist der Autor Reinhold Franz Reisert
Satz, Herstellung und Verlag: Franzius Verlag GmbH
Druck und Bindung: BoD, Norderstedt

ISBN 978-3-96050-244-9

Alle Rechte liegen bei der Franzius Verlag GmbH
Hogen Kamp 33, 26160 Bad Zwischenahn

Copyright © 2023 Franzius Verlag GmbH, Bremen
www.franzius-verlag.de

Die Deutsche Nationalbibliothek verzeichnet diese Publikation in der Deutschen Nationalbibliografie; detaillierte bibliografische Daten sind im Internet über http://dnb.dnb.de abrufbar.

Alle Ähnlichkeiten mit real existierenden Personen, Firmen oder Geschehnissen sind rein zufällig. Alle Figuren in diesem Buch sind Erfindungen des Autors. Keine ist identisch mit einer lebenden oder toten Person. Ebenso wenig decken sich beschriebene Handlungen und Episoden mit tatsächlichen Vorgängen.

Das Werk ist einschließlich aller seiner Teile urheberrechtlich geschützt. Jede Verwertung und Vervielfältigung des Werkes ist ohne Zustimmung des Verlages unzulässig und strafbar. Alle Rechte, auch die des auszugsweisen Nachdrucks und der Übersetzung, sind vorbehalten. Ohne ausdrückliche schriftliche Erlaubnis des Verlages darf das Werk, auch nicht Teile daraus, weder reproduziert, übertragen noch kopiert werden, wie zum Beispiel manuell oder mithilfe elektronischer und mechanischer Systeme inklusive Fotokopieren, Bandaufzeichnung und Datenspeicherung. Zuwiderhandlung verpflichtet zu Schadenersatz. Alle im Buch enthaltenen Angaben, Ergebnisse usw. wurden vom Autor nach bestem Wissen erstellt. Sie erfolgen ohne jegliche Verpflichtung oder Garantie des Verlages. Er übernimmt deshalb keinerlei Verantwortung und Haftung für etwa vorhandene Unrichtigkeiten.

Inhalt

Das O, das mit einem Diagonalstrich gekennzeichnet ist (Ø), wird in den Dialekt-Dialogen wie das O in den Wörtern Sorge, Sport oder Mord gesprochen.

Wie Marionetten
Hängen die Menschen
An den Schnüren ihrer Familiengeschichte
R. Franz R.

Das Vergangene ist nicht tot
Es ist nicht einmal vergangen
Wir trennen es von uns ab und stellen uns fremd
Christa Wolf

Erster Teil

Das Dorf

Im Herbst, zu Allerheiligen hin, zogen nasskalte Wetter über das Land. Nebelschwaden sickerten ins Geäst der Kiefern und der Buchen und hüllten sie ein. Schneeregen fiel auf die Dörfer, kehrte die Gassen leer und die Menschen nahmen ihr Gezeter mit in die Häuser hinein. Alle Kreaturen hockten in der Küche, denn nur da war Feuer im Herd.

Die Menschen waren getrieben von der Schufterei auf dem Hof, im Wald und auf dem Feld. Sie unterwarfen sich ihrem Gottvater im Himmel und seinem Diktat: »Bis dass der Tod euch scheidet«, oder: »Liebe deinen Nächsten wie dich selbst«. Gesetze, an denen alle schwer zu tragen hatten. Absolute Gesetze, die einzuhalten waren, um den Gläubigen das Joch von ewiger Schuld und Sühne draufzupacken.

Niemand liebte sich selbst und notgedrungen eingepfercht in der Strenge des Dorfes, der Familie, hatte nur der Tod das Recht zu trennen. Wohin mit dem Zorn, der Wut und der Schuld, die sich im Laufe des Lebens angehäuft und aufgetürmt hatten. Diese Emotionen hatten dann, in Zunder gebettet, schnell nach dem Feuer gegriffen.

Jeder kannte die Wege des anderen. Nach draußen, zum Stall, in die Scheune. Jene Zeiten, in denen man abwartete, unter der Stiege kurz innehielt, bis die Gefahr einer Begegnung vorüber gewesen war. Doch die Arbeit, die erledigt werden musste, und die Mahlzeiten, zwangen sie zueinander.

Keinem Atemzug gelang es, die Brust zu weiten. Die Menschen stützten und unterstützen sich wie marode Pfeiler.

Jeder für sich. Vereinsamt. Verstockt.

So brachten sie ein ganzes Leben durch im Dorf, bis die Kräfte nachließen oder die Menschen aneinander zerbrachen.

Einmal unter der Woche trafen sich Frauen zum Stricken. Sie vertrauten sich die Grobheiten ihrer Männer an und beweinten ihre Not, die sie nicht ändern konnten.

Festgezurrt in den Fesseln der Tradition.

Die Männer fanden sich zu zweit, zu dritt in den kuhwarmen Ställen ein, in denen sie auf Strohballen saßen.

Hände, mit Schwielen und nässenden Wunden überzogen, die noch vor Kurzem den Gabelstiel im Griff, den Mist geordnet und den Kühen eingestreut hatten, umfassten Apfelweingläser. Fingerkuppen tasteten sich in die gerippte, goldene Rautenstruktur des Glases. Auf dem Mauervorsprung stand ein gefüllter Bembel. Den Apfelwein zogen die Bauern gierig in den Schlund und tauchten ihr Hirn damit in einen wohligen Nebel. Die Männer klagten über den zu nassen Herbst, zogen über die Leute im Dorf her und ereiferten sich über das Fußballspiel gegen das Nachbardorf am Sonntag. Brachten sich in Position, denn sie würden sich wieder mit den Bucheckern prügeln.

Vom Wolfsbuckel aus gesehen sah das Dorf aus wie auf einer verblichenen Ansichtskarte. Wenn am Abend vom Westen her die Sonne ihre sterbende Glut auf die Dächer warf und sie mit einem zarten Rot überzog. Sandsteinmauern traten aus dem Schatten hervor und standen ockerfarben im Licht. Vermengt, wie hin gewürfelte Klötze, lagen die Gebäude im Schimmer des Abends. Löste der Mond die Sonne ab und erkundete mit seinem Licht die Gassen und Pfade, schien das Dorf wie ausgestorben.

Die Dämmerung rundete Ecken und Kanten und ließ Zwischenräume verschwinden. Bodennebel kroch über die Wiesen, strömte feuchtkalt ins Dorf, bis sich die Nacht darüber senkte und sich alles einverleibte.

Nur das Kläffen eines Hundes, das Brüllen einer Kuh störte diese Kirchhofsruhe. Später in die Nacht hinein kreischten die Katzen, riefen die Eulen und Fledermäuse flatterten wie kleine Gespenster durch die Finsternis. Lautlos angelten sie sich an den wiederkehrenden Schallwellen entlang und jagten Falter, Motten und Mücken.

Was brüteten sie aus, die Menschen in ihren Betten, wenn sich ihre Leiber in den Senken der Strohsäcke wälzten, sich aufbäumten, weil in den Seelen die Gedanken rumorten? Keine Ruhe geben konnten. Eine Nachschau des Alltags forderten. Oder Bilder des Krieges, die ihren Platz in den Träumen behaupteten, die mit ihren Fratzen bleiben wollten, bis die Kreatur schweißgebadet in der Nacht hochschreckte.

Schuttplätze waren im tiefsten Inneren eines Jeden angelegt, mit Müll, der gärte und keine Ruhe gab. Es brauchte alle Kraft der Erschöpften, am Morgen diese Teufel in die Schluchten des Vergessens zu befördern. Und so quälte sich der Bauer morgens aus hart gelegenen Kuhlen aus seinem Bett, wie eine Mumie vielleicht, die ausgegraben die Last vom Vergangenen in sich tragen musste. Eingestaubt und trocken zwar, ein Wesen aber, wie mit Leder überzogen, um der eigenen Zerbrechlichkeit einen Schutz zu bieten.

Wehe, wer so einem Beladenen begegnete!

Samstag, 7. Dezember 1918 – Anton

Als der Kaiser vor vier Jahren, im Sommer 1914, zu den Fahnen gerufen hatte, war Anton voller Tatendrang an die Front gezogen, um die verhassten Franzosen in die Knie zu zwingen. Nach ein paar Monaten würden sie als Sieger heimkehren und unter einer jubelnden Menge in die Heimat einziehen. So dachten alle. Doch es war anders gekommen.

Seine Frau Olga hatte von da an den Hof allein bewirtschaften müssen. Nur ein paar Fronturlaube wurden Anton gewährt, in denen er zur Pflanz- und Erntezeit nach Hause durfte. Ihre Tochter Trude war sechs, die Zwillingssöhne Max und Seppl waren fünf Jahre alt gewesen, als Anton einrückte. Die Schusterwerkstatt lag verwaist und wartete auf die Heimkehr des Meisters. Nur Olga ging an Schuhregalen, Nähmaschinen und Spannvorrichtungen vorbei, um in ihre Schlafkammer zu kommen. Der Geruch von Leder und Schweiß hing in der Werkstatt und hin und wieder schaute Olga auf den Hocker, der allein auf dem Podest stand und auf Anton wartete.

Der Frankreichfeldzug war schon im November 1914 zum Stocken gekommen. Die Deutschen hatten Belgien überrannt und waren in die Champagne eingedrungen, um weiter im Süden die Vogesen zu überwinden, bis sie von der französischen Armee gestellt wurden.

Die Front verlief von der Nordsee bis zur Schweizer Grenze und sowohl die Franzosen als auch die Deutschen gruben sich hundert Meter voneinander entfernt in die Erde ein.

Gräben, die oft nicht mit Bohlen und Rundhölzern ausgeschlagen waren. Weder waren sie stabilisiert mit Pfählen noch hatten sie den Luxus von Laufbrettern gehabt, obwohl die Todgeweihten bis zu den Knien im Morast gestanden hatten.

Die Schützengräben zogen wie Kanäle über Wiesen und Äcker. Kilometerweit durchschnitten sie das Land. Aufgerissen lag die Flur. Ein endloses Grab mit der Geduld des Todes, das mit Leichen von Menschen aus Frankreich und Deutschland aufgefüllt werden wollte. Männer, die sich noch nie gesehen hatten. Die sich noch nie ein böses Wort gegeben hatten. Ein Bruch, eine Kluft spaltete die Menschen und ließ sie unversöhnlich aufeinanderprallen. Der Schützengraben war zum Alltag geworden, in dem sich Anton mit seinen Kameraden eingerichtet hatte. In dem geschlafen, gegessen und Witze gerissen wurden. Über die sie lachten. Laut und ausgelassen. Tränen lachten, bis der Schrecken den Rücken hinaufkroch und sie sich die Kehle aus dem Hals schrien. Aufgerissene Leiber. Zerfetzte Körper. Nasse, vom Giftgas in den Dreck getriebene Gesichter.

Der Tod holte sich, wen er wollte. Oder er ließ sie liegen. Verächtlich. In ihrem Blut. Wie weggeworfen. Um sie später zu holen oder sie langsam krepieren zu lassen. Anton hatte es am frühen Morgen des 25. März 1918 erwischt. Bei der »Operation Michael«, in Gedanken an den Schutzpatron, waren sie vorgerückt. Eine Granate zerfetzte zwei seiner Kameraden. Anton riss es den Oberschenkel auf. Bis auf den Knochen. Nach sechs Monaten im Lazarett meldete er sich wieder bei seiner Einheit zurück. Dass sein linkes Bein nicht mehr so gut hinterherkam, daran würde er sich gewöhnen.

Wetterumschläge spürte er im Voraus, da waren sie noch Tage entfernt und am Grad der Schmerzen wusste er, ob es Schnee oder Regen gab oder ob die Sonne scheinen und die Schwalben hoch fliegen würden. Wenn Nebelschwaden auf die Menschen drückten und diesiges Licht ihnen die Laune verdarb, rumorte das Bein und Anton schrie vor Schmerzen.

Endlich im November 1918 gestand die Heeresleitung unter Generalfeldmarschall Paul von Hindenburg die Niederlage ein und ließ Friedensgespräche zu.

Antons Einheit löste sich nach der Kapitulation auf und er machte sich auf den Heimweg. In Pfalzberg stieg er aus dem Zug.

Anton war gut drei Stunden gelaufen. Ausgemergelt, ausgehungert, quälte er sich die Stadt hinaus. Müde. Das Bein schmerzte. Die Füße wund gerieben im groben Leder der Schuhe, die durch die Lehmbatzen schwerer wurden, die wie verleimt an den Sohlen hafteten. Reste der Strümpfe blutdurchtränkt. Die Hose hatte er mit einem Strick um die Hüfte gebunden. Der über die Schultern geworfene Mantel trug sich schwer.

Mit einem Stock als Krücke, den Leib gekrümmt, schaffte er sich voran auf Wegen, die vom Regen aufgeweicht, mit Rinnen durchfurcht waren; Schlaglöcher und Steine ließen ihn stolpern. Anton rang nach Luft und zwang sich immer weiter, über Pfade durch Wiesen und Äcker, durch den Wald, die Hügel des Spessarts hinauf.

Anton kannte die Apfel- und Birnenbäume, die aufgereiht die Wiesen besiedelten. Ihre Blätter verdorrt und rostbraun lagen sie jetzt im Dezember wie ein Teppich unter der Baumkrone. Und er sah schon von Weitem die Birken aufragen, die eine Weggabelung markierten, in deren Schutz ein Bildstock auf ihn wartete. Auf einem Sockel aus Sandstein stand eine Säule, auf der ein Nischenhäuschen thronte. Darinnen Maria mit dem Kinde.

Anton neigte sein Haupt und las den Spruch wie jedes Mal, wenn er hier auf dem Weg nach Pfalzberg eine Rast einlegte.

»Schmerzhafte Mutter.

Königin des Friedens.
Bitte für uns.«

Anton betete ein Vaterunser und ein Gegrüßet seist du Maria. Er war voll Dankbarkeit, dass ihn die Muttergottes aus dem Kriege hatte heimkehren lassen.

Anton hatte einen Fuß vor den anderen gesetzt. Kurze, schwere Schritte. Stundenlang. Ein Steigen, wie auf den Stufen einer endlosen Treppe. Die Hänge des Spessarts hinauf. Mit seinem steifen Bein, das nicht hinterherkam. Eine Plackerei.

Ausgepumpt lehnte er sich an einen Apfelbaum und schaute hinab auf sein Dorf Heurich. Daneben der Mönchsberg. Ihm gegenüber der Wolfsbuckel. Wie ein Wall zog sich der Wald zum Osten hin um das halbe Dorf und verband beide Berge. Dicht standen Buchen, Eichen, Fichten und Kiefern. An den Waldrändern zogen Wiesen und Äcker ins freie Feld. Feucht glänzend, wie aneinander gereihte Würste, lag Scholle an Scholle den ganzen Winter über im Frost.

Waren seine Äcker im Herbst gepflügt worden?, fragte sich Anton. Hatte Olga diese Schinderei, Furche für Furche dem Pflug hinterher, durchgestanden? Im Frühjahr würde er die Kühe vor die Egge spannen und den Acker einebnen und einsäen.

Anton erschrak, denn zu solch schwerer Arbeit war er im Moment gar nicht fähig. Jeder einzelne Knochen schmerzte, die Gelenke brannten und sein linkes Bein knickte ein. Er konnte sich kaum auf den Beinen halten.

Was hatte er sich nach diesem Tal gesehnt, nach seinem Dorf, in dem er geboren wurde, in die Schule ging und wie sein Vater, Bauer und Schuster war. Seine Söhne würden dieses Erbe weitertragen.

Anton schaute auf den Wolfsbuckel. Er stand hinter dem Dorf wie eine Wand. Aus dem Wald holten die Bauern das Holz zum Bauen ihrer Häuser, Brennholz und das Herbstlaub der Buchen und Eichen. Das wurde den Kühen eingestreut, weil man mit dem Stroh nicht über den Winter kam. Der Waldboden war dann wie mit einem Reisigbesen sauber gekehrt.

Anton fuhr sich mit dem Ärmel über die Stirn. Heurich schien wie ausgestorben. Im Frühjahr zur Aussaat war er zuletzt daheim gewesen. Ihm kam das wie eine Ewigkeit vor.

Wie Trommelfeuer schlugen die Geschehnisse der letzten Jahre auf ihn ein. Schützengräben, Granaten, zerfetzte Menschenleiber. Sie traktierten seinen Kopf und raubten ihm jedes Zeitgefühl.

Anton schaute den Hohlweg entlang, der sich zum Mönchsberg hoch schlängelte. Holzfuhrwerke hatten Gräben in die Erde gewalzt. Pfützen spiegelten Gestrüpp und Gestein und lagen wie zerrissene Bilder in den Kuhlen. Eine Grasnarbe hielt die Furchen auf Abstand. Wie ein Schienenstrang zog sich der Weg durch den Wald hinauf zur Kapelle.

Den Gedanken, dem Heiligen Michael einen Besuch abzustatten, verwarf er gleich wieder.

Als die Pest sich Städte und Dörfer vorgenommen hatte, in den Häusern und Gassen gewütet und der Tod wie ein Raubtier jeden Winkel, jedes Versteck ausfindig gemacht hatte, wussten die Menschen, dass das Ende der Welt gekommen war. Jesus Christ würde vom Himmel steigen, um die Lebendigen und die Toten zu richten. In Heurich hatte eine Handvoll Geschöpfe das Grauen überstanden. Sie bauten als Dank eine Kapelle auf dem Berg.

Irgendwann hatte eine Kreatur in Mönchskutte auf der Stufe vorm Eingang gekniet. Sein Körper bestand nur noch aus Haut und Knochen. Ein Kälberstrick schnürte seinen Leib straff und ließ ein Gerippe unter dem Wollstoff vermuten. Auf der Brust hing an einem Lederband ein Kreuz aus gebleichtem Holz, das er ergriff und mitsamt seinem Kinn gegen den Himmel hob. Sein Blick war in die Weite des Firmaments gerichtet. Die Augäpfel, in geändertem Weiß, starrten aus den Höhlen. Wie Würmer schlängelten sich die Venen auf den Schläfen.

»Erzengel Michael, Heerführer der Streitmacht des Herrn, rammt dem Satan die Lanze in den Rachen und steht euch bei, in eurer letzten Stunde. Sankt Michael bewahrt euch vor der ewigen Verdammnis und geleitet euch Sünder hinüber ins Himmelreich«, rief er den Dorfbewohnern zu.

»Ich werde für euch beten. Ich werde für euch fasten.«.

Er neigte sein Haupt und faltete die Hände.

Die Dorfbewohner hatten dem Eremiten zu essen gegeben und ihm eine Hütte an die Kapelle gebaut.

Noch heute trotten die Heuricher am 29. September, dem Jahrestag des Erzengels Michael, mit Pauken und Trompeten den Berg hinauf. Lieder zu Ehren Sankt Michaels und das Gebrummel der Gebete ergießt sich dann bis hinab ins Tal.

Anton blickte auf die Häuser, die Höfe, die sich zu einem Haufen ins Tal duckten und sich auf einem Hohlweg bis zur Kirche hochzogen. Dort standen sie um das Gotteshaus, als ob sie es beschützen wollten.

Anton schaute auf sein Dorf, es war ihm fremd geworden.

Er versuchte, einzelne Häuser zu erkennen. Schaute, wie sie angeordnet waren, wie Stall, Scheune und Wohnhaus zu- einander standen. Er sah Kastanienbäume an der Kirche, Linden an den Wirtschaften und fand den Nussbaum, der aus seinem Hof aufragte.

Jetzt im Winter standen die Bäume nackt. Das pure Geäst gab die Sicht auf Gebäude und Mauern frei, die sich noch vor Kurzem unter einem Blätterdach versteckt hatten. Nun traten sie hervor, als ob sie ihre Scheu verloren hätten.

Es sah nach Regen aus und vielleicht würde sich das »Sauwetter« bis in den April hinein ziehen, dachte Anton.

Wer mochte dort unten in den Stuben hocken? Am Herd stehen?, fragte er sich. Wer war gestorben, seit er hier im Frühjahr seinen letzten Fronturlaub verbracht hatte?

Bei der Großoffensive im Frühjahr, der verlorenen »Kaiserschlacht«, hatte es große Verluste an der Westfront gegeben. Gab es Männer, die nicht mehr heimgekehrt waren?

Standen einige Höfe leer?

Anton beschlich eine Scheu, die ihn innehalten ließ.

Er hatte auf der Höhe gewartet, bis es dunkel wurde. Bis lose Lichtpunkte in der Nacht hingen, die die Funzeln in den Küchen aus den Fenstern warfen.

Als um sechs Uhr die große Glocke im Kirchturm den Abend einläutete, befiel Anton ein Gefühl der Andacht und Stille. Die Bauern waren jetzt aus den Ställen und Scheunen in die Häuser gezogen und setzten sich wohl gerade um Tische, auf denen Kartoffeln dampften, die sie in Salz tupften, und mit Keesmatte[1] bestrichen.

Zinkwannen standen in den Küchen. Zuerst wurden die Kinder in das dampfende Bad gehoben. Sie wehrten sich mit Händen und Füßen gegen das wöchentliche Ritual. Dann die Alten. Sie hockten sich ins gleiche Wasser, die Knie an der Kinnlade. Einer nach dem anderen. Mit Kernseife, die wie ein Knochen in den Händen lag, schrubbten und rubbelten sie die

[1] Quark

Haut, bis oben auf der geriffelten Wasserfläche Fettaugen schaukelten.

Gewaschen und mit dem Balsam des zur Brühe gewordenen Bades benetzt, waren sie für den nächsten Tag präpariert, um den Tag des Herrn zu feiern. Den Tag der Ruhe. Den Sonntag. Den 2. Advent.

Anton hatte sich auf den Weg ins Dorf gemacht und war vor seinem Gehöft stehen geblieben.

Am linken Rand begrenzte der Nussbaum den Hof, in den der Frost gefahren war. Ohne Blätter fast beschämt stand er da. Im Anschluss die Scheune, der Stall und der Schuppen, in dem der Pflug, die Egge und der Leiterwagen auf ihren Einsatz warteten.

Im Winkel bis zur Gasse hin stand das Haus. Der Giebel, leicht überstehend. Er sah sich die Anordnung der Fenster an. Anton schaute wie in ein Gesicht, das ihm vertraut war und schnaufte auf. Was hatte er sich nach diesem Moment gesehnt. Endlich stand er vor seinem Haus. Er blickte zum Werkstattfenster hoch und sah sich dort hinter der Scheibe auf dem Podest sitzen, zu sehen war auch das Regal an der Wand mit den Leisten, die penibel aufgereiht zu ihm herunterschauten.

Anton tat sich schwer mit den Sandsteinstufen, die ausgetreten und ausgewaschen zur Eingangstür führten. Er angelte sich am Holzlauf entlang, der von schwieligen, schweißigen Händen blank gescheuert war, die paar Stufen hoch. Dann trat er ins Haus. Den Geruch von Leder, Kleister und geölten Dielen zog er in sich hinein und öffnete die Küchentür.

Olga war hochgefahren. Trude, Max und Seppl erschraken. Ihren Vater kannten sie nicht mehr, ein alter Mann stand da im Türrahmen, dem die Schrecken des Krieges ins Gesicht und in den Leib gefahren waren. Unverhohlen hungrig starrte er auf seine Frau, dann auf die Kinder. Ohne ein Wort durchschritt er den Raum. Anton zog sein linkes Bein hinter sich her, ging an den Schrank, holte sich einen Teller, nahm eine Gabel aus dem Kasten, setzte sich an den Tisch und griff nach den Kartoffeln.

August 1919 – Berta

Berta hatte ihre Haare gewaschen und fuhr sich mit den Händen über den Kopf, spreizte die Finger und warf den Schopf zum Trocknen der Sonne entgegen. Sie versuchte, die Formen und Wölbungen ihres Körpers mit einem Kleid zu verbergen, das langärmelig war und bis zu den Waden reichte. Darüber trug sie eine Schürze, die sie im Rücken verknotet hatte. Den Latz hatte sie über die Brust gezogen und das Band hinten im Nacken zusammengebunden. Die Schürze war mit roten und blauen Würfeln bedruckt und hatte Taschen für die Hände, wenn Berta nicht wusste, wohin mit ihnen.

Berta ging im Garten zwischen den Beeten hindurch und betrachtete die Karotten, den Kohl und die Tomaten. Alle in Reih und Glied warteten sie darauf, geharkt und gegossen zu werden. Sie redete mit dem Gemüse, strich über Salatblätter, roch an den Fingerkuppen und sog den Duft in sich hinein.

Berta flocht sich Zöpfe, kringelte diese zu einem Dutt und befestigte ihn mit Nadeln aus Horn unverrückbar auf ihrem Kopf. Aus einiger Entfernung könnte man irrigerweise denken, ein Amselpaar hätte da ein Nest für seine Jungen gebaut. Was für Schritte, welcher Schwung im Tanze gewagt, wie hoch das Kleid auch flog: Dieses Bauwerk würde nicht wanken, nicht weichen.

Es war Kirchweih in Heurich. Am Sonntagnachmittag hatte ihr der Bauer freigegeben. Sie würde nach der Andacht, mit ihrer Freundin, zum Festplatz gehen. Eine Schaukel schwang ihre wannenähnlichen, bunten Kähne durch die Luft. Besetzt von, in den Knien und Hüften wippenden Burschen und kreischenden Mädels, die sich an den Eisenstangen festhielten. Eine Schießbude war aufgebaut, ein Wurststand und ein Bierausschank. Dazwischen Tische und Bänke, auf denen

Burschen sich flegelten, die ihre Bierkrüge aneinander knallten, sich auf die Schenkel klatschten und ihre eigenen Sprüche und Auswürfe belachten.

Für das Fahrende Volk war es nicht einfach, auf die Dörfer zu gehen. Es schlug ihnen eine unverhohlene Feindseligkeit entgegen.

Auswärtige, Juden, Flüchtlinge, selbst Evangelische bekamen die kleinbäuerliche, verachtende Kälte wie einen Fehdehandschuh ins Gesicht geworfen. Selbst unter den katholischen Einheimischen wurde darauf geachtet, dass der Spott die Schwächsten traf.

Berta hörte einen Ton, der Lehrer Wagenhöfers Geige glich, auf der er mit einem zittrigen Bogenstrich die Saite ermunterte, die Violine nicht wie eine Säge klingen zu lassen. So versuchte er seinem Chor einen Halt, eine Richtung zu weisen. Die Mädchen und Jungen durch Tonleitern und Intervalle zu taktieren. Ihnen manches Lied schmackhaft zu machen.

Berta folgte dem kratzenden, dudelsackähnlichen Ton, der sich zwischen den Ständen und Tischen hindurch auf dem Festplatz breit machte.

Einen Messias sah sie da sitzen, in einem bunten Hemd aus Leinenfetzen zusammen genäht. Gewandartig war der Stoff über ihn geworfen und ließ einen feingliedrigen Körper darunter vermuten.

Seine Mähne in Strähnen bot einen massiven Rahmen für Stirn und Wangenknochen. Wulstige Lippen rutschten beim Singen über die Schneidezähne, als ob er grinsen würde. Ein Flaum, na ja, eher ein Milchbart, gab dem Gesicht etwas Zartes und nahm seinem Riechkolben die Wucht. Und schaute er auf die Leute und die Kinder, neigte sich leicht sein Haupt und das Haar strich über seine Brust.

Auf seinem Schoß lag ein Schiff aus Holz, aus dem zur linken ein Lockenkopf als Galionsfigur ragte. Er sang Moritaten, er beschwor die Liebe und traf Berta mitten ins Herz.

Mit der Kurbel in der hohlen Hand drehte er das Rad, drückte die Tasten der Leier und sang vom kleinen wilden Vögelein, das den goldenen Käfig des Prinzen verschmähte und sich dafür lieber in die Lüfte schwang, zur Sonne hin, die es wärmte. Der krause Kopf gefiel Berta. Sie ließ sich einfangen vom Schwarz seiner Augen, die strahlten, die sein freches Lachen unterstrichen und Berta in seinen Bann zogen.

Zur Nacht hin waren die Frauen und Männer nach Hause gegangen, um das Vieh zu füttern. Zu melken. Nur ein paar Sorgengeplagte oder Unbekümmerte hielten sich noch an den Henkeln ihrer Bierkrüge.

Die Amsel sang ihr Schlaflied, da fasste der Musikus Bertas Hand. Sie betasteten sich, benebelt vom schweißgetränkten Liebstöckelduft, streichelten sich wie zwei Hungernde, Dürstende, die nach Nähe und Vereinigung fieberten. Nach nackter Haut. Nach Verschmelzung. Die Münder vereint. Ein Fluss im Fall, der strömte und schäumte. Rauschte ins Tal, ignorierte das Hell und Dunkel. Vergaß die Zeit.

Das Gras bettete sie. Die Buchenhecke beschützte sie.

Als Berta am nächsten Mittag zum Festplatz eilte, war der Bänkelsänger fort, ohne eine Spur zu hinterlassen.

Wenige Wochen später wusste Berta: Sie war schwanger. Der Bauer ertrug die Schande nicht und jagte sie vom Hof.

Sie bezog eine Kammer im Heuricher Armenhaus und gebar ihre Tochter Marie.

Berta schaute ihr ins Gesicht und sah den Musikus leibhaftig vor sich.

Juni 1920 – Karls Geburt

Im Hof lag ein Haufen Holz. Noch vor ein paar Monaten wuchsen die Äste wie Arme aus den Stämmen, die trotzig im Wald standen und stolz auf ihr Wurzelwerk waren, das sich in den Boden grub und Halt gab, wenn der Wind in die Kronen fuhr. Buchen, Fichten und Eichen strebten nach oben, immer im Wettlauf ums Licht. Sie reckten ihre Äste und Triebe der Sonne entgegen und spendeten Schatten für Mensch und Getier. Und wenn ein Unwetter übers Tal kam, hielten die Bäume ihr Blätterwerk über die Geschöpfe und boten ihnen einen Unterstand.

Die Stämme wurden noch draußen im Wald zu Meterbengeln gesägt. Dazu wurde ein einen Meter zwanzig langes Sägeblatt, die Trummsäge, übers Holz gezogen. Die Männer an der Säge mussten gut miteinander arbeiten können, sodass sich das Blatt im leichten Fluss durch den Stamm fressen konnte.

Mit Beil, Eisenkeil und Holzschlage auseinandergezwungen. Akkurat, wie mit Wasser und Blei gezogen, wurden die Scheite im Kreuzstoß aufgesetzt. Aufgebrochenes, helles Holz saß Ster an Ster (ein im Kubikmeter gesetztes Holz) im Wald. Das Kronenholz der gefällten Bäume wurde unter den Bauern verlost.

Von den Frauen und Kindern wurden die Zweige zu Kleinholz gehackt und mit der »Wurschtkordel«[2] zu »Wellen« gebunden. Die Mannsbilder standen am Sägebock und sägten die Äste kurz und klein.

---

[2] Kordel, mit der beim Schlachten die Enden der Würste geschnürt werden.

Das ganze Jahr über war Feuer im Herd und am frühen Morgen köchelten die Kartoffeln für die Schweine und der Muckefuck[3] für die Alten vor sich hin. In der Bratröhre buk der Apfelkuchen am Freitag als Fastenessen und am Sonntag nach der Andacht der Gesundheitskuchen für den Nachmittagskaffee. Jeder Herd hatte ein Schiff. Ein Blechbehälter, in dem immer heißes Wasser war.

Und wenn der Winter Eisblumen an die Fensterscheiben klebte, hielt so mancher Durchgefrorene seine Füße in die Bratröhre oder wärmte Steine darin, die er abends unter die Decke auf den Strohsack legte.

War das Holz in den Schuppen geschafft und gestapelt, wurde schon bald danach die nächste Wagenladung von den Kühen in den Hof gezogen.

Anton brach von einem Ast einen Zweig ab. Daumendick musste der Stecken sein. Er holte den Kneip[4] aus den Tiefen des Säckels seiner Manchesterhose, klappte die Klinge heraus, entfernte die Triebe und Augen. Dann kappte er den Stecken auf Handlänge, befreite ihn von der Rinde und rundete die Enden. Man hörte Anton stampfen, als er die Stufen zur Haustür hinauf nahm. Nägel, die in die Sohlen seiner Schuhe getrieben waren, schlugen auf den Sandstein. Anton ging durch die Werkstatt. Er duckte sich unter dem Türrahmen hindurch, stand in der Schlafkammer und blickte auf, um durch diesen Dunst aus Schweiß und Erbrochenem, geronnenem Blut und Exkrementen seinen Weg zu finden. Anton beugte sich über seine Frau, fixierte den Stecken am Brustbein, hievte den Unterkiefer nach oben und klemmte die

---

[3] Getreidekaffee

[4] Taschenmesser mit gebogener Klinge

Stütze unter ihr Kinn. Ihre Haare, in Strähnen, flossen über die Kissen, rahmten das Gesicht, das erstarrt und makellos geworden war. Ein Schimmer; ein Hauch von Licht hatte sich darüber gelegt.

Die Haut war stramm übers Gesicht gezogen und ließ Nase und Wangenknochen hervortreten. Markanter werden.

Mit der Hand war er Olga über das Antlitz gefahren und hatte ihre Augen geschlossen.

Der Tod hatte ihr Gesicht mit einem feuchten Film überzogen, als ob ihr noch der Schweiß auf der Stirn stünde, von der Anstrengung vorhin, als sie um ihr Leben gekämpft hatte. Alle Kraft war schon vor ihrem Tod aus ihr gewichen, bei etlichen Versuchen, einen Buben aus sich heraus zu pressen, der in ihrem Inneren Wunden riss, die sie nicht überleben konnte. Alles Schreien, sich Winden, alle Krämpfe und die Hilfe der Hebamme, das Kind zu drehen und in die richtige Bahn zu zwingen, halfen nichts. Ihre Kinder: Trude, Max und Seppl hofften, bangten, beteten und standen am Ende verloren, mit nassen Gesichtern am Bett.

Der Bub, wie eine Mumie in Leinen gewickelt, lag in einem Wäschekorb voller Kissen auf einem Stuhl in einer Ecke der Stube, als gehe ihn das alles gar nichts an. Karl schlief.

Oktober 1920 – Berta im Schusterhaus

Hebamme Lisbeth stand mit dem kleinen Karl auf dem Arm vor Bertas Kammertür und erzählte ihr vom Tod dessen Mutter.

Berta war ab dann jeden Tag im Schusterhaus mit Marie, ihrem Kind, nährte Karl und versorgte ihn.

Irgendwann war sie geblieben, hatte die Enge ihrer Kammer im Armenhaus, die Sorge ums tägliche Essen getauscht mit dem Dasein einer Magd beim Schuster Anton. Von morgens um sechs bis in den späten Abend hinein wurden Berta und Trude, die zwölfjährige Tochter des Schusters, getrieben von Arbeiten, die zu bewältigen waren: Waschen, Kochen, die Hühner und Schweine füttern, Kühe melken, Milch zu Quark und Butter verarbeiten; der Garten wurde von ihnen bestellt, das Gemüse von ihnen eingelegt und eingekocht, damit die Familie über den Winter kam.

Aufs Feld gingen Berta und Trude, um zu hacken, zu jäten. Das Unkraut war nicht wegzukriegen und sie spürten ihren Rücken nicht mehr. Zur Nacht hin, wenn das Haus zur Ruhe kam, nähten sie Flicken auf zerrissene Hosen und Kittel, strickten Socken, Handschuhe und Pullover. Um Mitternacht wankten sie wie erschlagen in ihre Stuben. Oft wurde Berta von Anton abgefangen oder er kam zu ihr ins Bett und befriedigte seinen Trieb mit Gewalt.

Anton war als Despot aus dem Krieg zurückgekommen. War geladen. Voller Zorn. Brutal.

Das Grauen in den Schützengräben von Verdun, hatte einen Vulkan in ihm wachsen lassen, der immer mächtiger wurde, der jeden Moment zu bersten drohte. Dann schlug er auf alles ein, was ihm in den Weg kam.

Als Prügel war ihm recht, was zu greifen war: Peitsche, Riemen, ein Bengel; er beherrschte Tritte und schlug mit der bloßen Hand, um seinem Aufruhr Genüge zu tun. Der Bauer besetzte jeden Winkel des Hauses und des Hofs. Eine Allmacht, der nicht auszuweichen war.

Nur Trude ließ er in Ruhe.

Sonntags in der Kirche war Berta für sich, saß erledigt in der Bank. Das Gemurmel der Gebete und der Gesang der Gemeinde wiegten sie und ließ sie vor sich hin dämmern. Und waren die Augenlider nicht mehr offen zu halten, verriet ein leises Brummen, dass sie eingeschlafen war. Erna, die Nachbarin saß neben ihr und stützte ihre Freundin, wenn sie sich nicht mehr halten konnte, oder ließ deren Kopf an ihrer Schulter ruhen.

Mai 1921 – Karl

Berta hatte Karl in ihrem Arm gebettet. Er drückte sein Gesicht an ihre Brust, ruckelte mit dem Kopf, fand die Quelle und saugte, bis der süße warme Strom in seinen Magen floss. Ab und zu überkam Karl ein Zittern, ein wohliges Vibrieren, das ihm durch und durch ging. Wenn er satt war, mochte Karl nur so verweilen. Das Gesicht in den Busen getaucht. Hinein gekrochen in dieses Gefühl des Aufgehobenseins. Verbunden mit der Mutter.

Berta hatte während der Stillzeit ihre Aufgaben im Sinn, der nahende Abend drängte sie, sich zu beeilen. Es war noch viel zu tun. Sie legte ihn in den Wäschekorb, strich ihm über die Wangen und ließ ihn zurück. Karl streckte die Fäustchen der Amme hinterher.

Nun lag er allein mit dem Daumen im Mund. Er nuckelte daran, verzweifelt, als ob er die Mutter, deren Brust, wieder zu sich her saugen könnte.

Ein Schleier lag über seinen Augen, wie ein Tuch. Sein Blick bohrte sich in das Dunkelwerden. Schließlich gab Karl auf. Der Bub weinte still in die Leere der Kammer hinein. Er schrie nicht. Nie.

Karl stopfte die Hand in den Mund, biss zu und kaute, bis es wehtat. Irgendwann zog er sie heraus, hielt sie gegen das Licht. Fäden aus Schleim hingen zwischen den Fingern, dünne Leinen, in denen das Licht Farben zauberte, bis das Gewicht sie nach unten drückte, sie durchhingen und abrissen. Immer wieder stopfte er die Hände in den Mund, holte sich neuen Speichel, spreizte die Finger, ballte sie zu Fäustchen, klappte sie wieder auf und es entstanden neue Schnüre. Er nahm die Füße hinzu und strampelte, sodass Licht und Schatten miteinander spielten. Hinter den Zehen und

Fingern, durch die immer wieder erneuerten Schleimfäden, verschob sich die Lampe. Sie teilte sich, verschwand und wurde wieder sichtbar. So verformte er Schränke, Fenster, Türen, bis sie im Dämmerlicht ihre Farben verloren und zu grauen, düsteren Figuren wurden.

Wenn dann die Dunkelheit in die Kammer drängte, lösten sie sich langsam auf und um Karl wurde es schwarz.

Karl hatte Angst.

Er drückte sein Gesicht ins Kissen, saugte an dem Zipfel, bis sein Kopf sich zu wiegen begann, seinen Körper mitnahm, er sich müde schaukelte, bis der Schlaf ihn abholte.

Karl weigerte sich zu laufen. Sträubte sich, den aufrechten Gang zu üben. Knickte ein, wenn die Füße den Fußboden berührten.

Legte ihn Berta auf die Dielen, verwandelte er sich in eine Robbe, winkelte die Ellenbogen an und kroch durch die Küche, unter den Tisch, unter die Eckbank, auf der Suche nach einem Versteck, um sich unsichtbar zu machen, um dem Vater und den Brüdern aus dem Wege zu gehen.

Seine Schwester Trude kutschte sich zu ihm hin: »Komm Kall. Komm doch do onne raus, mä laafe e bessje minønner.«[5]

Doch Karl blieb hocken.

Die kleine Marie mochte Karl. Sie brabbelten und gluckten miteinander, betitelten Gegenstände in ihrem ureigensten Kauderwelsch. Karl krabbelte Marie hinterher, um sie zu fangen, bis die Knie wund und die Hosen und Strümpfe durchgescheuert waren. Sie tobten durch die Stuben, dass der Atem fast nicht hinterherkam. Sie räumten Töpfe aus dem Schrank, leerten Schubladen. Mit den Rührlöffeln schlugen sie auf Deckel und Pfannen, bis Anton mit ein paar Ohrfeigen über sie kam. Marie schrie nach ihrer Mutter. Berta kam gerannt, hob sie hoch, setzte sie sich auf ihre Hüfte und nahm sie mit hinaus auf den Hof, zu den Hühnern, in den Stall zu den Kühen.

»Verwöhne düste se«[6], bellte Anton.

Der Vater prügelte auf Karl ein, bis er seinen Zorn an ihm abgearbeitet hatte. Dann knallten die Türen.

Über den gekachelten Boden, der an manchen Stellen aufgequollen, die Kanten der Fliesen scharfkantig in den Weg

---

[5] »Karl, komm doch da unten raus, wir Laufen ein bisschen.«

[6] »Verwöhnen tust du sie.«

stellte, kroch Karl zur Küche hinaus über den Gang in die Stube.

Er musste sich beeilen, denn kehrte der Vater zurück, so war es schon vorgekommen, dass er mit seinen genagelten Schuhen nach ihm trat.

Endlich in seiner Ecke, wischte Karl sich mit dem Ärmel übers Gesicht und lauschte den Geräuschen im Haus, die er zu deuten wusste.

Hörte er die Schritte seiner Schwester Trude, schnaufte er erleichtert durch.

Trude kam mit dem Vater aus. Sie hatte ein gütiges Wesen. War Trude da, beruhigte sich der Vater und es war ihm möglich seinen Zorn zu bremsen. Zumeist.

Gegen sie hatte er noch nie die Hand gehoben. Trude wollte Trost sein für Karl, Berta und Marie, Max und Seppl. Sie versuchte dem Vater gute Worte zu geben und war außer sich, wenn der Streit wieder eskalierte. War erschüttert, hilflos und hatte ein schlechtes Gewissen, weil sie der Wüterei gegenüber ohnmächtig war. Sie war mit ihren vierzehn Jahren das Bindeglied der Familie und fühlte sich für den Frieden im Haus verantwortlich.

Mit Berta schaffte sie Hand in Hand. Beide hatten gerne miteinander zu tun. Sie hielten der Rohheit des Schusterhauses ein Stück Weiblichkeit entgegen.

Mürbe und hinfällig waren die Bindungen zwischen den Menschen im Schusterhaus. Es passierte, dass aus dem Nichts ein Streit ausbrach, der hochkochte, bis die Brocken flogen.

Mit Narben übersät waren die Seelen der Menschen. Narben, auf denen Schorf wuchs. Der versuchte die Kanten zu verbinden. Es blieben Stellen, die rissen. Stellen, die nässten. Wunden die Wunden bleiben mochten. Nähte brachen auf und holten alte Schmerzen von ganz unten wieder ins

Bewusstsein zurück. Schmerzen, die längst vergessen schienen, schlugen ein, unvermittelt, als wären sie gerade zugefügt worden.

März 1925 – Bertas Beerdigung

Durchgeschwitzt stand Berta in den Furchen des Rübenackers. Beide Hände umklammerten das Eisen der Harke, deren Stiel schräg nach unten in die Erde stach und als drittes Bein dienen musste. Gebeugt, der Mund offen, forderte jeder Atemzug ihre ganze Kraft. Wellenartig, wie Geburtswehen fuhren ihr die Krämpfe über den Rücken. Die Knie drohten einzuknicken. Kalter Schweiß nässte die Stirn, trieb aus den Poren. Klebte Kleid und Unterwäsche auf die Haut.

Regen zog auf. Tropfen schlugen hart und unerbittlich auf sie ein. Wolkenberge trieben über den Wolfsbuckel, finster und bleiern. Drohten. Sie rauften miteinander, stoben nach oben wie rußgetränkter Qualm und warfen ihr Wasser aufs Land.

Berta versank bis zu den Knöcheln im Ackerboden. Mit der Harke als Krücke schleppte sie sich nach Hause. Immer wieder hatte Berta sich zur Arbeit gezwungen, schnäuzte und hustete sich durch den Tag. Jetzt fiel sie aufs Bett. Ausgezehrt und geschunden.

Sie presste sich die Fäuste auf die Augen, krümmte sich und zog die Knie an die Brust. Der Kopf drohte zu bersten und sie stürzte in einen See voller Schmerzen. Aus dem Mundwinkel sickerte Blut, rann durch die Falte am Kinn und bildete einen roten Flecken auf dem Kissen. Für den Tod war es nun ein Leichtes, sie zu erlösen und mit sich zu nehmen.

Marie warf sich über sie und schrie, grub ihr Gesicht an den noch warmen Hals der Mutter, der ihr ein ganzes Leben lang Zuflucht und Trost gewesen war.

Gerade mal fünf Jahre alt war Marie.

Die Nachbarin Erna und deren Tochter Kunigunde halfen Trude, die Verstorbene zurechtzumachen.

Berta war mit einem Laken bedeckt, weiß, als ob ein Hauch von Schnee auf sie gefallen wäre. Der Tod hatte die Konturen des Gesichts, wie bei einer Skulptur, aufs Genaueste herausgearbeitet. Starr und bleich. Porzellanweiß. Die Lippen waren geschlossen und leicht in die Breite gezogen. Die Mundwinkel bogen sich fast unmerklich nach oben, als ob sie lächeln würde. Sie schien befreit und zufrieden. Ihr Antlitz war schräg zur Decke hin ausgerichtet, dorthin wo sich die Seele davon gemacht hatte. Da, wo es keinen Kummer und keine Zwietracht gab. Die Haare hatte Kunigunde ihrer Freundin zu einem Knoten geflochten. Die Hände lagen auf dem Bauch. Ein Rosenkranz umwand sie. Die Finger waren steif und sorgfältig geordnet ineinander gesteckt.

Karl stand am Totenbett, sah Marie, wie sie litt, hörte ihr Wehklagen. Er rannte aus der Stube, zum Hof hinaus. Die Gasse hinunter, stolperte über Pfützen, fiel in den Dreck, der sich aus Trögen und Jauchegruben seinen Weg bahnte und mit Wind und Regen vermischt, auf der Straße verteilt wurde, sodass es gerade für einen Verzweifelten kein Ausweichen, keine Möglichkeit gab, dem Morast zu entkommen.

Karl wusste nicht wohin mit sich. Er torkelte und bog den Körper, wand sich, um sein Innerstes, seinen Schmerz nach außen zu kehren, und hielt sich an einem Mauervorsprung fest. Endlich brach ein Wimmern aus ihm heraus.

Nur Nachbarin Kunigunde sah, wie er die Gasse hinunter hetzte. Sie lief ihm hinterher, fing ihn ein und nahm ihn mit zu sich. Die ganze Woche blieb Karl bei Kunigunde und deren Eltern Erna und Hubert.

Die tote Berta musste zwei Tage lang in ihrem Schlafzimmer ausharren. Marie lag auf dem Teppich vor dem Bett und kringelte sich ein. Wie eine Katze lag sie da. Wenn sie schlief, konnte man meinen, sie wäre der Mutter nachgegangen.

Trude schob ihr ein Kissen unter den Kopf, deckte sie zu oder trug sie aus der Kammer und versuchte sie zu beschäftigen und zu trösten.

Trude war hinaus aufs Feld gegangen, allein, nur mit sich und ihren Gedanken. Hatte Blumen gepflückt.

Gänseblümchen, die sie noch in Bertas Hände legen wollte. Märzenbecher, Huflattich, Dotterblumen würde sie zu einem Sträußchen binden und ihrer Berta ins Grab werfen. Und fürs Sarggesteck hatte sie ein paar weiße Narzissen gefunden.

Mit Berta hatte sie eine Verbündete, eine Freundin verloren. Sie hatten oft beim Nähen und Stricken bis tief in die Nacht hinein mit den Nachbarinnen Erna und Kunigunde an einem Tisch gesessen und den Tag passieren lassen.

Zu dieser Zeit hatte der Schlaf Max und Seppel lahmgelegt. Hatte sie ausgebremst, ihren Aufruhr zum Erliegen gebracht. Marie und Karl träumten hoffentlich etwas Schönes und wenn der Vater zu hören war, wenn er röchelte, nach Luft japste, wie kurz vorm Ersticken oder sein Schnarchen, eher ein Brüllen, durch die Decke drang, dann brauchten sie keine Angst vor ihm zu haben. Doch Berta und Trude erschraken, wenn Anton Albträume hatte und um sein Leben schrie. Sein Bein im Traum weggesprengt wurde oder Panzerketten sich in die Schützengräben hinein wühlten, in denen er sich mit seinen Kameraden verschanzt hatte. So jedenfalls hatte er es Trude einmal erzählt.

Berta bekam einen Abschiedsbesuch von Bekannten und Verwandten, von Neugierigen und von solchen, zu deren Pflicht es gehörte, dem Schuster sein Beileid auszusprechen. Die Besucher kamen durch den Regen, der sich schon seit Anfang der Woche von Windböen über die Felder ins Dorf treiben ließ. Am Tag der Beerdigung hatte der Regen aufgehört. Die Wolken zogen, wie übereinander gestapelte Brocken übers Dorf, massig, als ob sie sich auf die Trauernden stürzen wollten.

Die Trauergemeinde traf sich im Hof des Schuhmachermeisters. Ein schwarzer Haufen mit schwerem Stoff behängt, betete den Rosenkranz in Erwartung des Pfarrers und der Messdiener. Zu Bertas Sarg hatte sich eine Schlange von Menschen gebildet. Davor zwei Weihwasserkesselchen mit einem Fichtenzweig darin. Auf dem Sarg lag ein Strauß von weißen Narzissen.

»Der Vater, der Sohn und der Heilige Geist«, beteten die Trauernden und besprenkelten den Sarg mit Weihwasser. Die Kiste aus Fichtenbrettern stand auf einem schwarzen Schiebekarren, der mit seinen Speichenrädern einer Lafette glich. Von vier Männern wurde er durchs Dorf hinauf zum Kirchhof geschoben.

Die Prozession führte der Kreuzträger an, ein Junge aus der Nachbarschaft. Es folgten die Buben, die Mädchen, die Messdiener, der Pfarrer vor dem Sarg, dahinter die Verwandtschaft der Verstorbenen, dann die Männer und die Frauen zum Schluss. Vorbeterin Jule, die Frau des Pferdebauern Ferdinand ging hinter der trauernden Familie. Sie betete mit der Gemeinde, den »Schmerzhaften Rosenkranz«. Schritt für Schritt, rief Jule kurze Sätze in den Trauerzug, die die Menschen wiederholten.

»Vater unser, der du bist im Himmel.« Jule versuchte ihrer Stimme in Würde zu erheben.

Gefolgt von zehn »Gegrüßest seist du Maria voll der Gnaden, der Herr sei mit dir, du bist gebenedeit unter den Weibern, und gebenedeit ist die Frucht deines Leibes, Jesus. Heilige Maria, Mutter Gottes, bitte für uns Sünder, jetzt und in der Stunde unseres Todes. Amen.«

»Jesus, der für uns Blut geschwitzt hat«, krähten die Frauen mit ihrem Jammersopran hinterher, vermengt mit dem Gebrummel der Männer.

»Jesus, der für uns gegeißelt worden ist.«

»Jesus, der für uns mit Dornen gekrönt worden ist.«

Hier waren die Buben an der Grenze ihrer Geduld angelangt. Sie schwätzten, kicherten, stießen sich, bis der Mesner auf die Köpfe der Störer einschlug.

»Jesus, der für uns das schwere Kreuz getragen hat.«

»Jesus, der für uns gekreuzigt worden ist.«

Und immer das »Vater unser« und die zehn »Gegrüßest seist du Maria« dazwischen, um das Leid des Gekreuzigten in die Erinnerung zu holen, ihn zu würdigen, ihn zu ehren.

Karl hing an Kunigundes Hand und war in sich versunken. Wie in Watte gehüllt. Wie ein Blinder lief er neben der Nachbarin. Willenlos, lautlos, verloren.

In seinen Gedanken lag er in seinem Bett, zog sich die Decke übers Gesicht und versuchte sich an die Geschichten zu erinnern, die er in den Raum hinein fantasiert hatte. Doch keine der Geschichten öffnete sich, nicht einmal Bruchstücke fielen ihm ein, an die er sich hätte klammern können, um die nächste Zeit zu überstehen.

Mit den Litaneien des Pfarrers und den Gebeten der Verwandten und Bekannten wurde der Sarg, der in Stricken hing, von den Männern in die Grube gesenkt.

Marie schrie auf und zerrte an Trudes Arm, wie wenn sie ihrer Mutter hinterher springen wollte.

Die Trauernden warfen dem Sarg Blumen hinterher, drei Schaufelspitzen Erde obendrauf und senkten leicht ihr Haupt.

Danach kehrten sie beim Ochsenwirt ein. Kaffee und Kuchen gab es und waren ein paar Bierchen dazu gekommen, stimmte Busfahrer Otto Lieder an. Im grünen Wald, zum Beispiel. In dem ein Rehlein geschossen wird und der Jäger seine Büchse an einem Baum zerschlägt. Oder das Lied vom Lindenbaum und zum Schluss die Ballade von den Königskindern.

Zwei Tage hatte der Totengräber Zeit gehabt, eine Grube auf dem Kirchhof auszuheben. Zwei Meter zwanzig auf fünfundsiebzig und eins achtzig Zentimeter tief waren die vorgeschriebenen Maße. Der Boden war schwer. Ein Lehmtongemisch musste ausgehoben werden. Hans, der Totengräber, war hinterher immer fix und fertig. Und hatte nach Allerheiligen auch noch der Winter seinen Frost in die Erde getrieben, war das Graben mit der Spitzhacke eine Plackerei und er fluchte wie eine Krähe, weil der Lehm gefroren war.

Die Dorfbuben hatten den etwas schmächtigen Hans auf dem Kieker und grölten das Lied vom »Hänschenklein«. Neben Bertas Grube lag noch der Schädel und einige Knochen, der wieder ausgegrabenen Frau des Schusters, die vor fünf Jahren so elendig bei der Geburt ihres Sohnes Karl gestorben war.

Über den Gekränkten kam ein Zorn und er griff sich den Oberschenkelknochen der Übereinandergestapelten, holte aus und schleuderte den johlenden Burschen den Knochen hinterher.

Nach der Beerdigung legte Hans die Gebeine der in ihrer Totenruhe gestörten Olga um den Sarg von Berta.

Sisste so kömmts. Jetz leische se alle bad näwänønner. Ach, wenns kønn Gurre ess, de Schuster, lad dürrer mä doch[7], dachte Hans vor sich hin und warf die Erde in den Schacht.

Dumpf quollen die Töne aus dem Grab, wenn Lehmbrocken auf den Sarg aufschlugen. Bis ein Hügel entstand, auf dem er die Gestecke und Kränze der Verwandten aufschichtete. Am Kopfende des Grabes rammte er ein Holzkreuz mit dem Namen der Verstorbenen in den Boden.

Was hatte Hans hier auf dem Kirchhof nicht schon alles erlebt. Mit Grausen dachte er an den August des letzten Jahres zurück. Inmitten einer Beerdigung, der Sarg stand schon auf dem Grabboden und die Trauernden schlängelten sich am offenen Grab vorbei, um sich von dem Toten, es war der »Gäulsmichel«, zu verabschieden, da zog ein Gewitter auf. Wie aus Kübeln goss es vom Himmel und es füllte sich die Lehmgrube schlagartig mit Wasser. Der Sarg kam nach oben, wie wenn er mit samt dem »Gäulsmichel« der Grube entfliehen wollte. Die Kiste schaukelte, die Fracht im Inneren rutschte nach Backbord und brachte das Schiff zum Kentern. Hans war in die Fluten gesprungen, um den Kahn wieder aufzurichten, und rutschte unter den Sarg.

Er wäre beinahe abgesoffen, hätten ihn nicht ein paar kräftige Arme unter der Holzkiste heraus gezogen. Es ärgerte ihn, dass sie ihn auslachten. Die ganze Trauergemeinde wieherte, wo es doch um Leben und Tod ging. Hans war schon ewig zuständig für die Gräber auf dem Kirchhof. Und so schlich sich bei ihm so eine Gewohnheit ein, im Umgang mit den Gebeinen der Wiederausgegrabenen.

---

[7] »Siehst du, so kommt es. Jetzt liegen sie beide nebeneinander. Auch wenn es kein Guter ist, der Schuster, leid tut er mir doch.«

Die Leute sagten:

»De Høns könnt jo di Knoche e bessje vestäckele, könnt dä jo. Un wenn de Kopp noch uffm Haufe owwe druff lait, wäts øhm jo gønz schläscht.«[8]

Die Angehörigen erschraken, wenn sie Vater und Mutter neben dem Erdhügel als einen Haufen von Knochen sahen. Womöglich noch mit dem kieferlosen Schädel obendrauf, der durchbrochen war mit riesigen Löchern. So kannten sie ihre Eltern nicht.

Mit den Vorwürfen konnte Hans nichts anfangen.

»Ställt aisch net so oh«[9], fertigte er die Leute ab.

---

[8] »Der Hans könnte die Knochen und den Kopf ein bisschen verstecken und nicht noch oben auf den Haufen legen. Es wird einem ja ganz schlecht.«

[9] »Seid nicht so empfindlich.«

Oktober 1928 – Kunigunde und Benedikt

Benedikt fand keine Ruhe in seinem Bett. So richtig dunkel wollte es nicht werden. Es war eine klare Herbstnacht. Winzige Sonnen hingen am Firmament. Sterne, die man meinte, greifen zu können. Dem Mond fehlte ein Teil seines Gesichts und er starrte wie ein »Klößkopp« hell und blöde auf die durcheinander gewürfelte Lichterwelt, wie wenn er sie zu beaufsichtigen hätte.

Aus den Schallläden des Kirchturmes dröhnten zwölf Schläge. Sie drängten sich durch die Lamellen der Jalousie, die schräg gestellt den Klang der Glocke hinunter zu den Gläubigen leitete. Mancher wälzte sich in dieser Zeit in der Kuhle seines Strohsacks. Wie Mühlsteine mahlten die Gedanken in den Köpfen der Geplagten und ließen sie nicht vergessen, dass in fünf Stunden die Nacht schon vorbei sein würde. Oder sie fielen in tiefen Schlaf, die Ruhelosen, und schälten sich morgens wie gerädert aus ihrem Bettzeug.

Benedikt zählte sie mit, die Schläge, die durch die Nacht vibrierten. Er warf sich hin und her. Krampfartige Wallungen vorangetrieben von Muskelsträngen und pulsierenden Blutgefäßen mündeten über die Schambeine dahin, wo sein Hirn schon wartete.

Sie hatten sich am Sonntag gegen Abend oben am Fuße des Wolfsbuckels getroffen. Zufällig waren sie sich über den Weg gelaufen, die Mädels und Burschen aus Heurich. Sie neckten, lachten und unterhielten sich. Wenn es das Wetter zuließ, kamen sie jeden Sonntagnachmittag an den Platz am Waldrand. Irgendwann erklang die Mandoline zur Quetschkommode und sie tanzten miteinander und sangen die alten Lieder. Benedikt und Kunigunde sahen ins gleiche Liederbuch und sie schmiegten sich beim Singen aneinander. Schon da fühlte sich

Benedikt zu Kunigunde hingezogen. Die lachen konnte, so laut und herzhaft, dass er gar ihr Zäpfchen sehen konnte, das ganz hinten im Schlund, feucht glänzend Speichelfäden zog und wie ein Stalaktit im Gewölbe hing. Die Waden ragten unterm Saum ihres Kleides hervor. Verstohlen musterte Benedikt die vollendete Form, das Spiel der Muskeln und er schloss die Augen, weil seine Fantasterei aufwärts stieg, die Knie passierte und gnadenlos an den Schenkeln empor kroch. Und sie tanzten miteinander. Leicht hüpften sie bei der Polka und schwenkten die Köpfe, wie Klappläden an den Fensterlaibungen und kamen in einen Zustand der Verzückung, wenn sie sich mit ausladenden Schritten im Walzertakt drehten und nur der Schwindel verhinderte, dass sie abhoben.

Heute Nacht war Benedikt aufgeladen von Kunigunde. Kunni wurde sie ja gerufen und wohnte mitten im Dorf. In ihrer Nachbarschaft war die Omnibushalle. Direkt über der Gasse lag der Schusterhof, daneben die Wirtschaft zum Ochsen.

Ihre Eltern bewirtschafteten einen Hof von ungefähr dreitausend Ruten[10], die sich als verschieden große Parzellen in der Gemarkung von Heurich verteilten. Im Stall standen zwei Milchkühe und ein Kalb. Ein paar Schweine wälzten sich im Stroh und ein Haufen Hühner gackerten in ihren Verschlägen.

Das Wohnhaus zeigte zur Gasse hin und stand im Winkel zu Stall und Scheune.

Benedikt schwang die Beine aus dem Bett, stieß die Füße durch die Hosenbeine und stieg in die Schuhe. Das Hemd warf er über sich und rannte ins Freie.

---

10 Flächenmaß: 1 Rute sind 20 Quadratmeter.

Den Blick nach vorne. Zielgerichtet. Den Kopf weit voraus stapfte Benedikt mit offenstehendem Hosenstall durchs Dorf. Die genagelten Schuhsohlen schlugen wie Hammerschläge auf die knochenharte Gasse und schallten in die Ecken, brachen sich an den Kanten der Gemäuer oder wurden vom Dunkel ausgelöscht.

Ein Lüftchen fächelte über seinen Bauch hinauf zur Brust und vermochte die Haut nicht zu kühlen, das Kraushaar nicht zu trocknen. Das Hemd flatterte wie eine Fahne im Wind. Sein Hirn war über die Lenden an die Stelle gerutscht, die ihm jetzt Schmerzen bereitete. Die Schwellkörper waren gefüllt mit Blut, prall, wie die in enger Verwandtschaft stehenden, überreifen Hämorrhoiden.

Und so hetzte Benedikt durch die Nacht, dorthin wo der Hunger gestillt, die Erlösung wartete. Den Weg entlang zu seiner Kunigunde, zu ihren Zonen der Lust.

Man würde Benedikt großes Unrecht tun, ihn als vulgär oder gar als geilen Bock zu bezeichnen. Er folgte nur dem Auftrag seines lebendigen Gottes, dem Schöpfer des Himmels, der Erde, der da im ersten Buch Moses 1. 28 für alle Kreaturen festgelegt hatte: *Seid fruchtbar und mehret euch und füllet die Erde und machet sie euch untertan und herrschet über die Fische im Meer und über die Vögel unter dem Himmel und über das Vieh und über alles Getier, das da kreucht und fleucht.*

Diese Weisheiten seines Schöpfers hatten Benedikts Gehörgänge noch nie passiert. Obwohl Pfarrer Hufnagel seine Schafe mit diesem Thema immer schon mal von der Kanzel aus konfrontiert hatte, Benedikt aber nicht erreichen konnte, weil der im hinteren Teil des Kirchenschiffes, den Ausgang im Rücken, schon lange in Gedanken bei seinen Schafkopfkumpels war.

Damals wurden die Leitern aus Holz gefertigt. Ein Fichtenstamm wurde in der Länge durchgesägt und mit runden Sprossen verbunden. Zinken aus Eisen von ausrangierten Eggen wurden an den Innenseiten der Scheunen in die Fugen der Sandsteine getrieben und die Leiter daran aufgehängt. Das Fensterchen zu Kunigundes Kammer befand sich ganz oben unter der Giebelspitze. Die Straßenlaterne, eine Funzel auf einem Mast auf der anderen Seite der Gasse, ließ Benedikt nicht so ganz im Dunkeln hantieren. Auch wenn Kunigunde wüsste, dass er im Anmarsch war und er offen und ehrlich durch die Haustür, die Stiege hoch zu ihrer Kammer käme, würde das ganze Haus auf die Beine kommen, weil die Stufen zum Verrecken knarzten und ihn verraten würden.

Benedikt musste die Leiter steil stellen und kam doch nicht ganz an den Sims von Kunnis Fenster unter dem Dachgiebel. Er nahm Sprosse für Sprosse, den Leib eng an die Leiter gedrückt. Die Knie nach außen geknickt, griffen die Hände dem Körper weit voraus, bis sein Kopf durchs offene Fenster in die Stube ragte.

»Kunni«, keuchte Benedikt in die Kammer.

»Wøs wellsten du do?«[11]

Ihr Liebster stand unangemeldet auf der Leiter.

»Babbel ne so domm.«[12] Benedikt stellte seinen Oberkörper schräg, um die Diagonale des Fensterrahmens zu nutzen, und ruckte sich wie ein Pfropfen ins Innere der Stube. Den Bauch stemmte er mit seinem ganzen Gewicht hinterher. Die Leitersprosse drehte sich in ihrem Lager, die mit Nägeln beschlagenen Schuhsohlen rollten ins Nichts. Sie verloren ihren Halt, die Beine schwangen nach oben und ragten wie zwei

---

[11] »Was willst denn du da?«

[12] »Rede nicht so dumm.«

Ausleger in die Nacht. Die Leiter, erschrocken von dem plötzlichen Ruck, stellte sich auf, wartete einen Moment, wie wenn sie sich besinnen wollte, und fiel dann rückwärts über die Gasse. Benedikt blieb genau zwischen Hüftknochen und Bauchansatz im Fensterrahmen stecken.

Benedikt war kein Fettwanst.

Gut, der Nabel war nicht mehr ausfindig zu machen, er hatte sich in den Tiefen seiner Schwarte versenkt. Der Bauch beulte nach vorne und war seitlich am Becken festgewachsen. Einige Wülste auf den Hüften zeugten davon. Aber sein Rückgrat war kerzengerade, worauf Benedikt stolz war. Anders als bei seinen Kumpels, deren Rücken das Joch der alten Grobiane schon in jungen Jahren rundete und versteifte.

Benedikt hatte es da besser getroffen. Er arbeitete als Schreiner im Betrieb seines Vaters. Beide kamen gut miteinander aus.

Und so steckte er fest, der Benedikt, im Fensterrahmen seiner Liebsten. Wie eine Wippe lagerte sein Leib auf dem Fenstersims.

»Ziesch doch, Kunni, Mensch ziesch doch«[13], forderten die in seinen Schädel zurückgekehrten Gehirnzellen.

Brüllte eine Kuh oder schlug ein Hund an, streifte der Wind durch Giebel und Dächer oder das Gebälk in den Scheunen wand sich in der Kühle der Nacht, schreckte das keinen in seinem Bett. Doch wehe es hallten Töne durchs Dunkel, die nicht in die Schubladen des Normalen passten, schon stand das ganze Dorf Kopf.

Und kaum verweigerte die Leiter ihren Dienst und knallte auf die Gasse, erklang Benedikts Wehgeschrei unterm Dachfirst, wurden die Fenster, die Türen aufgestoßen und die

---

[13] »Zieh doch Kunigunde, Mensch zieh doch.«

ersten Nachthemden – ob Frau, ob Mann - wandelten wie Gespenster vor den Häusern.

»Wemmseuer essen däs«[14], rätselten die Neugierigen.

»Däs wät däm Schreunersmischel seuner seu. Der kriescht annet genonk, krieschter net.«[15]

»Däs horrä devoh. Sissten, do owwe henkdä. So esses wenn mä net genonk kriescht«[16], begutachteten die Nachthemden das Geschehen.

Bis Otto und Edgar sich ein Herz fassten.

»Du gehst die Ladern nuff. Isch ziesch vo enne.«[17] Edgar stellte die Leiter an die Hauswand und stand dann sicher auf den Sprossen. Er hatte seinen Kopf durch Benedikts Schritt geschoben, die Nase zwischen den Backen arretiert und ihn mit den Schultern in die Waagrechte gehoben. In der Kammer klammerten sich Hände und Arme zu einem festen Verband. Kunigunde hing an Benedikts Gürtel und Otto stemmte sich mit den Füßen an die Wand.

»Hauruck, Hauruck«, keuchte es aus den Mündern und sie ruckelten Benedikt durch den Fensterrahmen.

Der berappelte sich und ließ sich auf einen Hocker nieder, mit den Händen vorm Gesicht.

---

14 »Zu wessen Vater gehört der denn?«

15 »Das wird dem Schreiners-Michel sein Sohn sein. Der bekommt auch nicht genug. «

16 »Das hat er davon. Seht nur, da oben hängt er. So ist es, wenn man nicht genug bekommt.«

17 »Du steigst die Leiter hoch. Ich versuche den Benedikt von innen in die Stube zu ziehen.«

»Wenn mä dabbisch es, gehöts øhm ne ønnäscht«[18], verabschiedete sich Retter Otto und polterte die Stiege hinunter.

Benedikt scheute das Bad in der Menge unten auf der Gasse. Aber Erna und Hubert, Kunigundes Eltern, musste er vors Angesicht treten.

»Wenns ess gønze Døff jetz scho waas, heijän mä halt«[19], fasste sich Kunigunde ein Herz.

»Nøja, wenns ne ønnäscht ess«[20], versuchte Mutter Erna die Blamage klein zu halten.

Nach der Hochzeit zog Benedikt zu seiner Kunni. Sie renovierten zwei Zimmer unterm Dach und Benedikt baute die passenden Möbel dazu.

Benedikt arbeitete weiterhin mit dem Vater in dessen Schreinerei.

---

[18] »Wenn man tollpatschig ist, gehört es einem auch nicht anders.«

[19] »Wenn es das ganze Dorf schon weiß, heiraten wir eben.«

[20] »Wenn es nicht zu ändern ist.«

November 1929 – Das Versteck

Der Heurechen war größer als der Rechen fürs Grünfutter. Der Stiel länger, das Joch breiter und die Zinken waren auf Handlänge gekappt. Bevor es hinausging auf die Wiesen, standen die Rechen aus Buchenholz im Wasser, um die Steckverbindungen von Stiel und Zinken aufquellen zu lassen.

Riesenkämme waren das, mit denen die Menschen das Heu zusammen rechten und anhäuften. Heuschwaden lagen wie elend lange Wülste über den Wiesen.

Mistgabeln hatten vier Zinken aus Stahl. Heugabeln drei. Sie waren gebogen und spitz geschmiedet.

Es gab Bauern, so wie der »Woschtseppl«, die stürmten mit der Mistgabel als Waffe im Anschlag über die Wiese, um Fußball spielende Kinder zu verscheuchen oder sie von seinen Obstbäumen zu vertreiben.

Die Männer schafften mit den Gabeln das Heu hoch hinauf auf die Leiterwägen. Frauen und Kinder nahmen die »Øffel«[21] mit offenen Armen auf. Sie schichteten und stampften, bis die Haufen zu einem einzigen Block verdichtet waren.

Zum Schluss wurde der Wiesbaum darüber geschoben und am Holmen festgezurrt, der die beiden Achsen des Wagens miteinander verband.

Um den Heimweg abzukürzen, fuhr Anton einmal über eine Wiese, die an einem Hang gelegen war. Der Wagen kippte um und legte sich auf die Seite.

»Himmelherrgottsternsakramentunzugenöhtoweraa«, fluchte Anton.

Gott sei Dank war keiner unter den Wagen gefallen. Denn Frauen wie Kinder saßen bei der Heimfahrt oben auf der

---

[21] was auf ausgestreckte Arme passt

Heufuhre. Auch den Kühen war nur der Schreck in die Knochen gefahren. Sie streckten ihre Schädel und brüllten sich die Panik aus aufgerissenen Mäulern.

Es war schon ein hartes Stück Arbeit, bis der Wagen endlich in der Scheune stand. Das letzte Stück wurde geschoben und brauchte die Kraft aller, um durch die Regenfurche zu kommen, die sich quer vor dem Scheunentor entlang zog.

Max und Seppl gabelten das Heu vom Wagen, wo Trude und Karl es abnahmen, schichteten und verdichteten, um möglichst viel Winterfutter unters Scheunendach zu bringen.

Der Staub aus Samen, gebrochenen Halmen und zerbröselten Blättern kroch ins schweißnasse Hemd, in die Hose und klebte auf dem Körper. Mit schwarzem Schlick gefüllte Fingernägel kratzten dann über die Haut, zogen ein Wirrwarr von blutigen Strichen über Rücken und Beine. Dem Juckreiz war nicht beizukommen!

Karl war oft im Heu, stieg die Leiter hoch, die kerzengerade in der Scheune stand. Sie war oben unterm Dach am Katzenbalken (Pfette im Dachgebälk) befestigt und verband die einzelnen Ebenen der Scheune, auf denen das Stroh und das Heu lagerten.

Karl mochte den Geruch von Heu. Schlichen sich Staubkörnchen die Nase hoch bis hinter die Stirn, unterstützte er ihre Wanderung, zog zusätzliche Luft durch die Höhlen, bis sich der Brustkorb aufblähte, um sich endlich, wie ein Gewitter zwei, dreimal zu entladen.

Hühner wühlten gerne im Heu und manchmal schafften sie es, mit einem Mordsgegacker und verzweifelnd um sich schlagenden Flügeln auf den Heuboden zu kommen. Karl musste aufpassen, wo er hintrat. Zerbrochene faule Eier stanken wie die Pest.

Er legte sich in eine Kuhle, döste vor sich hin und schlief auch mal ein. Irgendwann zwängte sich Karl an der Außenwand entlang, die aus sägerauen Brettern bestand. Zog Büschel für Büschel aus dem Heu. Mit beiden Händen grub er sich durchs Winterfutter, bis ein Gang entstand.

Karl kam auf die Idee, sich ein Versteck zu bauen. Ein Raum müsste das sein, in den er sich verkriechen konnte. Der Platz über dem Stall eignete sich gut dafür. Den Boden wärmten die Kühe. Ihre Leiber waren wie Öfen. Fleischkolosse auf Körpertemperatur.

Hier konnte er hören, wenn er gerufen wurde, doch finden konnte man ihn nicht. Karl hatte einen Haufen Heu vor den Eingang geworfen. Nur die Katze kam manchmal zu Besuch, legte sich in seinen Arm und erholte sich von der Mäusejagd.

Die Essenszeiten durfte er nicht verpassen, er versuchte pünktlich zu erscheinen, denn bei denen verteilte der Vater die Arbeit für den Rest des Tages.

Vor dem Essen wurde gebetet, wurde die tiefe Verbundenheit zu Gottvater bekundet, dem Gütigen, der bis in die verborgensten Ecken der Seele herrschte und schon aus diesem Grunde den schuldbeladenen Kindern seinen Segen verweigern musste.

Karl war aufgestanden, faltete die Hände und betete das Tischgebet mit einer Stimme, die wegbrach. Vom Blick des Vaters wieder aufgerichtet, hangelte er sich durch die Strophen der Fürbitte, begleitet von den geneigten Häuptern der Familie, die wusste, dass der Zorn Gottes durch den Vater die Söhne hart treffen konnte. Mit einem gemeinsamen Amen versank jeder hinter seinem Teller. Das mit der Gabel in die Soße zerquetschte und damit unkenntlich gemachte Gemüse schlürfte jeder mit dem Löffel in den Mund.

Hatte der Hausvater seinen letzten Bissen verschlungen, teilte er seinen Kindern die Arbeit für den Nachmittag zu.

Karl beeilte sich, seine Aufgaben so schnell wie möglich zu erledigen, um wieder in sein Versteck verschwinden zu können.

Hatte Karl eine aufgetragene Arbeit vergessen, wurde die Küche zum Platz der Züchtigung. Karl beugte sich dann vor dem Vater, der mit dem Lederriemen Striemen an Striemen auf seinen Rücken zog. Bei jedem Hieb zuckte der ganze Körper. Karl keuchte und rang nach Luft. Er ertrug diese Demütigung, ohne zu kapitulieren.

Karl hasste seinen Vater.

November 1930 – Der Kuhstall

Ende September, als die ersten Stürme und Regengüsse übers Land zogen, versammelten sich die Schwalben auf den Stromleitungen, die vierpaarig von Dach zu Dach gespannt waren.

Auch außerhalb der Ortschaften bevölkerten die Zugvögel die Telegrafenleitungen, die sich wie Wäscheleinen an den Straßen entlang von Mast zu Mast schwangen und die Dörfer miteinander verbanden.

Dicht an dicht saßen Stare auf den Drähten, wippten nervös mit den Köpfen und veranstalteten ein Palaver. Die Aufregung war groß, vor ihrer Reise in den Süden. Und sie schwärmten aus. Schatten sah man da, wie Wolken, die wild am Himmel entlang huschten, nach oben stachen, hinein in das Gewühl von dichtem Geflatter fuhren, wie wenn sie sich verknoten wollten. Sie stürzten in die Tiefe, fingen sich, um sich nach diesem Theater auf Stromleitungen niederzulassen oder in Bäume und Büsche einzufallen. Sie übten Flugvarianten, um den Gefahren auf ihrer Reise nach Afrika begegnen zu können.

Die Mehlschwalben waren die Maurer unter den Vögeln. Sie stellten aus Lehmklümpchen und Speichel einen robusten Mörtel her. Nach ihrer Rückkehr aus dem Süden im Frühjahr renovierten sie ihre Nester in den Ställen und unter den Dachüberständen der Häuser. Und sie segelten den Sommer lang durch die geteilte Stalltür, um ihre Jungen zu füttern.

Jetzt, vor dem großen Flug in den Süden, hatten sie ihr Quartier verlassen.

Meist wurde es an Allerheiligen schon kalt.

Abends auf dem Kirchhof wurde der Toten gedacht. Der Pfarrer schritt durch die Gräberreihen. Den Arm nach oben gestreckt, warf er mit einem Sprengel Weihwasser auf die Gräber. Die beiden Messdiener trugen Kessel und Weihrauchfass und kamen kaum hinterher.

Die Musiker der Dorfblech mit ihren Trompeten und Hörnern versuchten mit Mollakkorden die Herzen der Versammelten zu treffen. Betroffen zu machen. Aufzuweichen, um ihren Verblichenen unter der Erde zu einer Einkehr in ihr Innerstes zu verhelfen. Im Schutze der Dunkelheit schlugen die Töne tief ins Gemüt. Die Nacht hatte die Menschen zu undefinierbaren Gestalten verkommen lassen und ihre Konturen verwischt. Wie Schatten standen sie an den Gräbern, sahen in die Flammen der Grablichter und verloren sich in ihren Gedanken.

Die Farben des Herbstes waren zu Boden gefallen. Die ersten Stürme trieben ein Gemenge von Wasser und Schnee über die Felder und die Dörfer duckten sich in die Täler und Senken.

Ein paar Bauern räumten noch ihre Äcker leer. Der Frost brachte Ruhe übers Land. Über Nacht schneite es, eine Decke packte alles in Weiß. Ein Weiß, das die restlichen Farben unter sich begrub und die Bäume nackt in der Kälte stehen ließ. Ein weißes Leuchten am Tag, das strahlte und blendete. Wenn die Sonne schien, hielten sich die Menschen die Hand vor die Augen. Ein schneeweiß, wie das eines Brautkleides vielleicht, das für Unschuld und Reinheit stand.

Es schien, als sei darunter alle Wehklage begraben.

Die Leute drängten in die Häuser. Die Stuben waren kalt. Nur in den Küchen wurde Feuer gemacht. Die Eisenringe auf den Herdplatten glühten, die Bratröhre stand offen. Das Wasserschiff hielt heißes Wasser bereit.

Die Menschen spürten eine Unruhe, ein Rumoren, einen Tumult in sich. Sie waren sich selbst und ihren Nächsten in dieser Enge ausgeliefert. Eine Enge, die erträglicher wurde in den Pflanz- und Erntemonaten, durch die Arbeit auf dem Feld, wenn man sich aus dem Weg gehen konnte. Im Winter schlich sich ein Unheil durch die Kammern. Es gärte in den Familien. Nicht ausweichen zu können ließ die Wut und den Zorn wachsen. Die Ausgelieferten drückten sich in die für sie reservierten Ecken. Sie ergaben sich den Mächtigen gegenüber. Unterwarfen sich.

Ein Bogen, gespannt bis zum Brechen.

Die Häuser standen wie verlassen, wie eingeschlafen im Dunkeln und es schien so, als seien die Menschen im Dorf zur Ruhe gekommen, hätten ihren Frieden gefunden und sich der Besinnung, den Gesprächen und ihren Geschichten hingegeben.

Karls Brüder und deren Freunde Horst und Paul entflohen der Enge im Haus und trafen sich im Stall. Bei den Kühen war es warm. Sie fuhren den Mist mit der Karre in den Hof, schichteten ihn auf einen Haufen, streuten den Viechern ein und fütterten sie. Sie holten Apfelwein aus dem Keller, betranken sich und es lockerten sich ihre Sinne. Sie zogen über die Leute im Dorf her, blödelten herum, stießen sich ins Stroh, griffen sich in den Schritt, massierten sich manche Grobheiten in den Kopf und vereinigten sich in wilden Gesten und Stößen.

Karl war durch die Futterkammer hindurch in den Stall geschlichen. Unter der Häckselmaschine hindurch, von den Streuselkörben verdeckt, beobachtete er Max und Seppl, Horst und Paul wie sie sich anfassten und ihre Schwänze wetzten. Irgendwann entdeckten sie Karl und zogen den Buben aus seinem Versteck.

»Gug emol, de Kall schnüffelt do römm, der faisch Hond, der faisch.«[22]

Sie zerrten ihn in ihre Mitte. Stießen ihm die Handballen in die Brust, dass er rücklings zum Nächsten fiel. Der packte ihn am Gesäß und schubste ihn wieder in den Ring, zum Fraß für die Bande. Oder Seppl warf sich auf seinen Bruder, nahm ihn in den Schwitzkasten und würgte ihn. Max umklammerte Karl, drückte ihn an seinen Bauch und hielt ihn fest. Horst griff ihm zwischen die Beine. Grob, mit schwieligen Händen. Karl schrie auf. Die Schurken lachten. Ein kehliges Lachen. Ein Kläffen. Ein Johlen. Brunftschreie, in der Karls Schluchzen zu einem Wimmern, einem Winseln verkam.

Sie rissen ihm die Hose hinunter und stießen ihr Gemächt in seinen Leib. Schlugen mit einem Kälberstrick auf ihn ein. Hielten ihn fest.

Max, Seppl, Horst und Paul ließen Karl im Stall zurück. Wie weggeworfen lag er da, als sie ihre Gier in ihn ergossen hatten.

Max und Seppl hatten ihren Bruder noch nie leiden können. Durch ihn war die Mutter gestorben und Berta die Amme hatte sich mehr um ihn und ihre Tochter gekümmert als um sie. Ein Schwächling war er, weinerlich, verhätschelt, den sie von Anfang an hänselten, piesackten und auch mal in einen Mehlsack stopften, ihn verschnürten und Karl mit einem Reisigbesen traktierten.

Karl hatte Übung darin, in der Not einer Macht zu trotzen, wie der seines Vaters und diesen brutalen Burschen. Drohte Gefahr, verwandelte er sich, flüchtete ins Nirgendwo und ließ seinen Körper zurück. Kopf, Arme, Beine, Rumpf wurden in

[22] »Schaut einmal, der Karl schnüffelt hier herum, der feige Hund, der feige.«

dicke Bandagen gewickelt, die ihn schützten, die das Martyrium in dumpfe Nebel packten. Er schaute zu, wie die jungen Kerle ihm die Kleider herunterrissen. Ihn malträtierten. Brüllten. Wie aus ihren Mäulern ein zäher Rotz tropfte.

Kehrte er in seinen Körper zurück, war der geschunden. Sich aufzurichten war ein Gang durch die Schmerzen und erforderte seine ganze Kraft. Er schleppte sich in sein Versteck, sank ins Heu, lag dort unendlich lang und starrte in die Finsternis. Er betastete seinen Leib. Es brannten die wunden Stellen.

Karl schloss die Augen und sah sich in seiner Kammer unterm Dach im Bett liegen.

Er floh in seine Welt, in seine Fantasie. Erfasste einen Gegenstand, um ihn abzutasten, zu beobachten, ihn verschwimmen zu lassen, die Kanten zu runden. Würfel wurden zu Bällen und verschwanden, erschienen wieder, bewegten sich, bis Menschen auftauchten, mit offenen Mündern, die stumm waren. Die Zeiger der Uhr drehten sich nach seinem Kommando. Der Kleine gar schneller als der Große. Beide im rasenden Tempo. Und die Zeit, die nicht hinterherkam, verlor die Kontrolle. Takt und Rhythmus folgten nicht mehr ihrem Diktat. Ganze Geschichten entsprangen seinem Kopf. Eine nach der anderen. Sich immer wieder verändernd, wenn Bilder, Handlungen hinzukamen. Sich verdichteten.

Karl musste sie für später aufheben, ordnen. Alle. Um sie wiederzufinden. Um die Möglichkeit zu haben, sie jederzeit, bei jeder Gelegenheit wieder aufleben zu lassen. Sich in sie zu verkriechen.

Zuerst verband er seine Geschichten mit den Dingen, aus denen sie geboren waren: mit den Lampen, den Bildern, dem Kruzifix, den Griffen von Fenstern und Türen, Schubladen und mit den Schlüsseln der Kommode.

Das hatte er schon in den ersten Jahren seines Lebens gelernt.

Irgendwann hatte er seine Geschichten an die Punkte, Kreise, Quadrate und Striche der Muster gehängt, die mit der Farbwalze auf die gekalkten Wände aufgetragen waren. Als alle Gegenstände und Fixpunkte belegt gewesen waren, keinen Platz mehr boten, hatte er im Geist Bindfäden durch die Kammer gezogen und seine Ausflüge wie Handtücher daran festgeklammert.

Karl hatte sich eine Welt geschaffen; seine Welt, die mit seinem Alltag nichts zu tun hatte. Nichts zu tun haben durfte mit dem Wirken der Alten, ihrem Hetzen, der Strenge, die alle Kreaturen des Hofes zwang, sich zu unterwerfen, sich einzuordnen in ein Vermächtnis aus den Erfahrungen der Generationen davor.

Zusammengesetzt wie ein Mosaik und eingepflanzt als fertiges Produkt für alle Zeiten in jede Zelle des menschlichen Wesens.

Den ganzen Winter lang ergriffen ihn die Brüder, wo sie ihn nur finden konnten, und trieben ihr schändliches Spiel mit ihm.

1930 – Der Nussbaum

Manchmal lehnte Karl sich an den Nussbaum, umarmte ihn und hielt sich an ihm fest. Er drückte die Wange an die Rinde, die rau war und mit Furchen durchzogen. Karl genoss den Schmerz, das Stechen, die kleinen Wunden, die die Borke mit ihren Zacken in die Haut ritzte. Er bewegte gar den Kopf, um seine Verletzlichkeit, dieses Sehnen, diese Gier nach Zärtlichkeit intensiver wahrzunehmen und um sichtbare Merkmale der Verwundbarkeit auf seinem Gesicht zu zeichnen.

Karl wurde gehalten von diesem mächtigen Stamm und wäre am liebsten mit ihm verschmolzen. Er spürte die Kraft dieses riesigen Baumes, der so unverrückbar stand.

Dänn könnt kønner ömschmeise[23], dachte er.

Im Frühjahr trieben Blätter aus dem Geäst, überwucherten das ganze Gezweig mit einem derben Grün und formten ein geschlossenes Dach, das gewaltig war. Wie ein überdimensionaler Fächer reichte die Baumkrone, über den halben Hof.

Im Nussbaum befand sich Karls Sommerversteck. Seine Höhle im Heu hatten zum Ende des Winters praktisch die Kühe aufgefressen. Karl saß mitten im Geschehen, wenn die zornigen Auswürfe seines Vaters bis zu ihm in die Baumkrone drangen. Und wenn der Vater nach ihm schrie, beschlich ihn ein Gefühl der Überlegenheit, ja Freude machte sich in ihm breit.

Karl verachtete seinen Vater zutiefst und wünschte ihm den Tod. Jeden Tag.

Karl stieg in der Scheune die senkrechte Leiter hoch. Er gelangte aufs Kleinholzpodest ganz oben im Gebälk, dort wo sich die Enden der Dachsparren trafen, und ineinander

---

23 »Den könnte keiner umwerfen.«

verzapft mit Holznägeln fixiert waren. Karl musste nur ein paar Ziegel verschieben, sich durch die Latten zwängen, um in die Krone es Nussbaumes zu gelangen. War Karl auf dem Scheunendach, kletterte er hinauf ins Kronengewölbe, ins Blätter - und Zweigengewirr hinein, das sich nach ihm wieder beruhigte und in ein leichtes, unauffälliges Zittern überging, um den Jungen nicht zu verraten.

Bog Karl einen Zweig zur Seite, sah er den Zwiebelturm und die Kastanien, die sich an das Kirchenschiff lehnten, die Schule und die Wirtschaft »Zum Ochsen« mit ihrer Linde im Garten. Auf der anderen Seite die Postbushalle, die jeden Abend Busfahrer Otto abschloss, wenn er und der Bus Feierabend hatten. Die Häuser mit den Ställen und Scheunen lehnten sich aneinander und Karl stellte sich die Menschen vor, die winzig und unsichtbar in ihren Stuben herum wuselten.

Dahinter lag ein Wiesenband, von einem Buschwerk begrenzt, aus dem der Wolfsbuckel aufragte.

Stieg Karl höher, hatte er manchmal das Gefühl, die Wolken fassen zu können, wenn sie wie ein Festzug mit Wagen und Figuren träge über ihn hinweg zogen. Weißes, von der Sonne beleuchtetes Gewölk fuhr seiner Wege, still und behäbig. Hochgezogene Dunstglocken, ins Licht getauchte Nebelwände, die bereit waren, stetig ihre Form, gar ihr Wesen zu verändern, segelten ohne Hast am Firmament. Dahinter ein Blau. Ein Ozeanblau, das Karl in die Tiefen des Weltalls blicken ließ, wenn sich ein Wolkenfenster auf tat.

Karl sah eine Puppe, die ein Kleid trug mit einem Schleier auf dem Kopf, der ausfranste, immer länger wurde und sich verflüchtigte. Sie war größer und mächtiger als das Krokodil, das ihr folgte. Hinterher flog ein Pferdekopf, der auf eine Deichsel gepfropft, vor eine Kutsche gespannt war.

In sie hätte sich Karl am liebsten hineingeschwungen.

Mit den Zügeln in der Hand läge er dann im Polster der Sessel, um für immer in ein fernes Paradies zu entschwinden. Der Kirchturm, das Dorf würden immer kleiner werden.

Karl würde nie mehr zurückkehren.

Die Kutsche, die zu einem Schlitten geworden war, zerstob zu Fetzen, in weiße und graue und verlor sich über dem Wald.

Jede Jahreszeit kleidete den Baum neu und er wartete auf den Herbst voller Ungeduld, diesen Maler und Anstreicher, der kübelweise gelbe und braune Farbe über ihn schüttete. Die Blätter ließen sich zu Boden fallen, bedeckten das Gras und knüpften einen Teppich.

Karl rückte mit ein paar Buben dem Baum mit Stangen zu Leibe und sie stießen und schüttelten grob an den Ästen, bis die Frucht hart auf die Erde schlug und ihren grünen Mantel verlor. Hielt aber die Schale dem Aufschlag stand, die wie ein Panzer das Fruchtfleisch zu schützen hatte, traten die Buben mit Absätzen schwerer Schuhe auf die Nuss, bis sie splitterte. Mit spitzen Fingern brachen sie die Innenwände, die filigran die Abteilungen begrenzten und pulten die Frucht aus den Schalen. Das Braun der Hände, die auch mit Kernseife und Sand gescheuert nicht sauber wurden, und die bis an den Rand mit Dreck gefüllten Fingernägel, brandmarkten die Buben tagelang als Diebe. Der Nussbaum hielt seine Äste wie einen Fächer über das halbe Scheunendach, wie wenn er es beschützen wollte. Flechten siedelten auf den Ziegeln. Und hielt sich die Feuchte im Schatten der Äste, wuchs Moos auf dem Dach und wurde es zur geschlossenen Matte, ließ es die Dachpfannen faulen.

Gegenüber der Gastwirtschaft »Zum Ochsen« befand sich die Omnibushalle. Ein wuchtiger Bau, der an ein Kirchenschiff erinnerte. Hohe, zur Dachrinne hin aufstrebende Fenster durchbrachen die Mauer auf der Südseite.

Um die Länge des Omnibusses wich die Halle von der Straße zurück und war Otto mit dem Bus unterwegs, spielten die Buben auf dem Platz und droschen den Fußball gegen das Hallentor.

Die Halle war aus Backsteinen gemauert, die auf Kalkmörtel gesetzt so verfugt waren, als ob jemand Striche mit schwarzer Tinte auf das Mauerwerk gezogen hätte. Verschlossen war dieses Gebäude mit zwei Toren, die bis unter den Dachüberstand reichten und oben leicht gerundet waren. Die Bohlen, sägerau, wurden eingefasst von einem Rahmen aus Winkeleisen. Scharnierbänder griffen fast ganz über die Breite der Flügel und hielten die Tore in ihren Angeln.

In das rechte Tor war eine Tür eingelassen, die Otto jeden Morgen schon beizeiten aufschloss.

»Do bee isch wärä. Hosde disch schö ausgeruht. So, isch mach emoll uff, dass de wøss sisst«[24], redete Otto mit dem Bus, wie mit einem Freund. Und er zog das Eisengestänge aus der Arretierung, die das Tor am Boden und oben am Querbalken verankerte, und drückte es zum Hof hinauf. Obwohl Otto mit Ölkanne und Fettpinsel den Scharnieren bald jeden Tag zu Leibe rückte, ächzte das Tor beim Öffnen, als ob es sich sträuben wollte.

---

24 »Da bin ich wieder. Hast du dich schön ausgeruht. Ich mache das Tor auf, dass du etwas siehst.«

Otto war eins mit seinem Bus, ein Kumpel war das, mit dem er sich unterhielt. Dieses riesige Vehikel schaute ein bisschen blöde drein, mit der vorgestülpten Schnauze, seinen runden Lampen und dem Kühlergrill. Otto hatte seinen Bus liebevoll Franzel getauft und er klärte ihn auf, wenn er Ölwechsel machte, einen Reifen wechselte, die Ventile nachstellte, nach den Bremsbelägen und Achslagern schaute. Otto wollte seinen Freund nicht erschrecken, wollte ihn jeden Eingriff im Voraus wissen lassen.

Und wenn's Otto schwer ums Herz war, schüttete er »Franzel« sein Herz aus, redete sich sein Leid von der Seele, legte seine Sorgen vor die Reifen seines Freundes, jammerte in den Motor hinein oder fluchte hinterm Lenkrad, wenn er die Scheiben putzte.

Seine Frau Elenora erfuhr von Otto nur das Nötigste. So offen wie mit Franzel konnte er mit ihr nicht reden. Und wenn Otto den Motor startete, der Diesel sich schüttelte, bis er sich gefangen hatte, rund lief und langsam warm wurde, war das Musik in Ottos Ohren und er fuhr mit den Händen übers Lenkrad und fühlte sich genau am richtigen Ort.

Frauen und Männer warteten bereits draußen auf dem Platz, die mit dem Bus in die Stadt fuhren, dort arbeiteten, Besorgungen machten oder wenn einer mit Sonntagsklamotten einstieg, das Gesicht zerknautscht, wusste Otto schon, dass der aufs Amt musste.

Wenn Karl auf dem Weg von der Schule nach Hause war, die Tore der Garage offenstanden und er Otto erblickte, blieb er stehen und bewunderte den gelben Bus mit seiner Hundeschnauze, der etwas verträumt dreinzublicken schien. Otto war dabei, seinen Bus zu untersuchen. Er steckte in einer Latzhose, die mit einer Graugussschmiere imprägniert war und gerade im Bereich der Oberschenkel und des Gesäßes dick und fett glänzte.

»No Kall, wi woäs in de Schull. Hot eisch de »Wøche« äbbes beigebrøcht?«[25], fragte Otto, als Karl nähertrat.

Vor Lehrer Wagenhöfer, den sie im Dorf »Wøche« nannten, hatte Karl Angst. Er schlug ihn mit dem Stock, brüllte mit ihm und trieb Karl nur noch mehr in sein Schweigen hinein. Von den Buben seiner Klasse wurde Karl gehänselt. Am liebsten hätte er sich in sein Versteck in der Scheune verkrochen oder wäre in den Wald gerannt. »Komm helf mä emol, wenn de scho do besd.«[26] Karl schob mit Otto ein Podest an das Vorderrad. Half, die Motorhaube hochzuklappen und die Eisenstangen darunter zu stellen.

»So, do sissde de Modor.«[27]

Otto erzählte Karl vom Innenleben des Achtzylinders. Erklärte ihm die Funktion von Schläuchen und Hebeln, die in den Motor eindrangen oder am Motorblock angeschraubt waren. Zeigte ihm, wie Ölstände gemessen, Lager gefettet, Simmerringe auf Dichtheit geprüft wurden und erklärte ihm, wie Zahnräder, im Getriebe durch den Ganghebel ineinandergeschoben, die gewünschte Übersetzung fanden.

Karl begriff die Verbundenheit von Motor und Getriebe, die wie Freunde aufeinander eingingen, um den Bus zum Laufen zu bringen, um Leute in die Stadt, die Fußballer auf die Dörfer oder den Pfarrer mit den mit schwarzem Stoff behängten Pilgern in einen Wallfahrtsort zu kutschieren.

---

25 »Na Karl, wie war es in der Schule? Hat euch der Wagenhöfer etwas beigebracht?«

26 »Komm helfe mir, wenn du schon da bist.«

27 »Da siehst du den Motor.«

Manchmal nahm Otto Karl mit in die Stadt. Karl saß dann schräg gegenüber auf dem vordersten Platz. Er beobachtete Otto. Mit einem Buckel leicht nach vorne gebeugt saß er, den Kopf gehoben, den Blick gerade hinaus auf den Weg. Seine Lippen waren am Arbeiten, schoben sich nach vorne, wie wenn er küssen wollte, um sich zu einem Grinsen zurückzuziehen. Das Spiel der Lippen konnte nicht angehalten werden. Es zeugte von Ottos hoher Konzentration.

Karl mochte Otto, er bewunderte ihn und fast unmerklich ahmte er seine Grimassen nach: Schnute, Grinsen, Schnute, Grinsen, Schnute, Grinsen.

Karl sah, wie Ottos Hand das Lenkrad verließ, die Kugel auf dem Ganghebel fasste und höher schaltete. Er verfolgte das Wechselspiel der Füße mit den Pedalen, die das Zweimalkuppeln und das Zwischengas nicht vergaßen, den Ablauf nicht verwechseln durften. Das erinnerte Karl an den Organisten Rudi, der genauso mit den Füßen auf den Holzprügeln herumtrampelte, wenn er die fünf Meter hohen Bassflöten im Hochamt zum Brummen brachte.

Karl wusste von den Explosionen im Motorblock, die die Kolben in die Tiefe jagten und die Kurbelwelle zum Drehen zwang. Er genoss das Rumoren des Triebwerks, das Otto gehorchen musste, das den Singsang von Motor und Getriebe beherrschte und den Bus nach vorne trieb. Und war einem Schlagloch nicht auszuweichen oder ein Unwetter hatte eine Rinne quer über die Straße gegraben, setzte der Bus zu einem Sprung an und ließ die Menschen auf den Sitzen auf und nieder hopsen.

Karl war oft bei Otto in der Garage, setzte sich hinters Lenkrad und träumte, wie er den Bus durch enge Gassen lenkte, zum Dorf hinaus, über das Land preschte. Stolz mit den bewundernden Blicken der Fahrgäste im Rücken.

Oktober 1933 – Alfons

Karl schaute den Buben zu, die auf dem Platz vor der Omnibushalle Fußball spielten. Zwei hingeworfene Pullover ersetzten die Torpfosten. Die Jungs tobten, stießen sich, jauchzten, warfen sich auf den Ball, begruben ihn unter sich, schirmten ihn mit dem Körper ab. Sie rannten auf dürren Beinen, die wie Stecken aus den kurzen Lederhosen ragten. Sie waren angeknöpft an ein Trägergeschirr, das über den Schultern lag. Vor der Brust prangte, als wäre er aus Elfenbein, ein Hirschkopf aus weißem Hartplastik.

Die Knie aufgeschlagen, die Oberschenkel zerkratzt, spornten sie sich an, schrien, forderten das Leder, das mit seinen aufgeplatzten Nähten eher der Form eines Eis glich. Gelang ein Abspiel, ein Doppelpass oder gar ein Tor, brüllten sich die Fußballer ihre Freude zu. Die Gesichter schweißnass, verschmiert. Sie warfen die Fäuste in die Luft, so wie die Burschen in den Spielen der ersten Mannschaft, auf die die Buben schon die ganze Woche hindurch mit Spannung warteten.

Karl würde gerne mitspielen, schaute immer mal verlegen zu den Jungs hinüber. Er hatte sieben Klassen hinter sich gebracht. Mit Jungen in seinem Alter wollte er nichts zu tun haben. Er war von ihnen gedemütigt worden. Sie brandmarkten ihn mit dem Spitznamen seines Vaters: »Krübbeldoni, Krübbeldoni«[28]. Mit einem kehligen Lachen riefen sie ihren Spott Karl hinterher. Er wurde zu Ringkämpfen gezwungen, in denen er unterlegen war.

Kam es zu Zank, fehlten ihm die Worte, es stülpte sich ein Schweigen über ihn, hüllte ihn ein und er floh vor den Streithähnen. Karl ging dann seiner Wege. Nach Hause zu gehen

---

[28] Krüppel Anton

barg die Gefahr dem Vater über den Weg zu laufen, und so ging er zum Dorf hinaus, über die Wiesen, in den Wald. Unter den Ästen einer Kiefer fand er einen Platz. Er bettete sich in Gras und Blätter und war nicht mehr zu sehen.

Karl stand weiterhin vor dem »Zum Ochsen« auf der gegenüberliegenden Straßenseite und war fasziniert von dem Toben der Buben, die vielleicht fünf bis sechs Jahre jünger waren als er. Wenn den Buben der Ball versprang, der den Tritten der Kämpfer entfliehen wollte und die Gasse hinunter hüpfte, rannte Karl hinterher und brachte ihn ins Spiel zurück. Bis sie Karl zwischen die Pullover stellten und ihn die Bälle fangen ließen. Er warf sich den anstürmenden Jungen entgegen, entschärfte manchen Spielzug und holte etliche Bälle aus der unteren Ecke seines Tores.

Endlich wollten sie ihn dabei haben, riefen nach ihm und baten ihn mitzumachen.

Die Abendglocke forderte Punkt sechs die Buben auf, ihr Spiel abzubrechen.

Karl hatte mit Alfons allein auf der Gasse gestanden, durchgeschwitzt, der Brustkorb pumpte wie der Blasebalg in Erwins Schmiede, nach dem Gerenne auf dem Platz vor der Omnibushalle, dem Ball hinterher, dem Sprinten und Abbremsen, dem sich Drehen und Springen so hoch es ging, um mit Wucht den Kopf gegen den Ball zu stoßen. Bis die Buben sich schoben und stießen und im Dreck wälzten. Die Schuhe vorne aufgeplatzt. Die Zehen schutzlos.

»Komm geh mid, isch well dir møi Höhle in de Scheiän zeische. Däss däffst du owwer kømm verrore. Wäll, die kennt noch kønner.«[29]

Alfons kämpfte mit sich, versuchte abzuwägen. Daheim wird es Ärger geben, er hatte die Runkelrüben noch nicht gemahlen, nicht die Kartoffeln von den Trieben befreit und gewaschen. Die Scheune hatte er nicht gekehrt und das Holz nicht aufgestapelt. Alles Arbeiten, die ihm sein Vater während des Mittagessens aufgetragen hatte.

Alfons lief Karl hinterher, einen Pfad entlang, der ausgetreten war und der sich durch Büsche und Sträucher zur Rückseite der Scheune schlängelte. Karl zog eine Tür auf, sprang über einen Mauerabsatz und verschwand. Sein Kopf erschien wieder mit dem Zeigefinger auf den Lippen und einem Nicken, um Alfons Beine zu machen. Karl verschloss die Tür mit einem Eisenhaken und durfte dabei das Vieh nicht schrecken, das mit einer kurzen Kette am Trog angebunden war und den Brüdern und dem Vater keinen Vorwand geben, in die Scheune zu kommen, um nach dem Rechten zu sehen. Der Kuhstall, aus Sandstein gemauert, stand wie ein riesiger Steinklotz in der Scheune, auf dem das Heu gelagert war. Karl forderte Alfons immer wieder auf, ihm zu folgen, hinter ihm her zu schleichen. Er musste ihm gut zureden, ihn beruhigen, ihn mit sich ziehen. Über eine Leiter, die senkrecht in der Scheune stand, kamen sie auf die Ebene über den Stall. Karl schob einen Haufen Heu zur Seite und war verschwunden. Alfons blieb zurück und wusste nicht weiter, bis Karl seine

---

[29] »Komm mit mir, ich will dir meine Höhle in der Scheune zeigen. Das darfst du nicht verraten. Denn, die kennt noch keiner.«

Hand ergriff und ihn hineinzog in seine Höhle. Karl flüsterte mit Alfons, den Zeigefinger auf dem Mund.

Er hatte den Raum vergrößert, bis hin zu den Bohlen der Außenwand, die geschwunden waren und so dem Tag die Möglichkeit gaben, sich durch die Ritzen zu zwängen. Staub reflektierte im Licht. Jedes einzelne Körnchen leuchtete, bis Bänder daraus wurden, die sich in gleichmäßigen Abständen gemütlich ins Heu legten und mit der Sonne durch den Raum wanderten. Alfons blickte zu Karl auf, war stolz, einen älteren Freund zu haben. Er war sein Beschützer, der sogar eine Geheimhöhle hatte. Karl gestaltete sie immer wohnlicher, legte sie mit Kartoffelsäcken aus und mit einer Pferdedecke, die er draußen auf dem Feld gefunden hatte. Mit Karl konnte Alfons über Fußball reden, konnte erzählen über das Sonntagsspiel gegen das Nachbardorf, in dem die Spieler besonders hart zur Sache gingen und die Männer am Spielfeldrand sich prügelten.

Denn sonntags nach der Mittagsandacht pilgerten die Buben mit den Männern und ein paar Kinderwägen schiebenden Müttern zum Sportplatz. Es war ein staubtrockener Acker. Holprig. Durch die Lederstollen der Fußballschuhe ausgetreten. Mit Furchen durchzogen, weil ein Bauer mit seinem Kuhgespann die Abkürzung über den Sportplatz nahm.

Und wenn Regengüsse auf das Feld klatschten war der Platz mit Pfützen übersät. Da hinein grätschten die Kämpfer, fielen auf die Knie, schrammten über den aufgeweichten mit Steinen durchwalkten Lehm. Am nächsten Morgen waren die Wunden zu einem Grind geworden und das Beugen von Schenkel und Knie war nur unter Schmerzen möglich. Das wusste Alfons aus Erzählungen.

Dass Karl zu diesen Spielen nicht mit kam, konnte er nicht verstehen. Alfons genoss es, mit seinem Vater Bruno auf die

Anhöhe am Waldrand zu pilgern, auf der sich der Sportplatz befand. Die Fußballer, seine Vorbilder, beobachtete er genau, um am nächsten Tag beim Spiel mit seinen Freunden manchen Schuss, manchen Trick nachzuahmen.

Alle paar Tage kam Alfons zu Karl. Mit jedem Besuch in der Höhle schwand Alfons Scheu, in dieser Enge mit Karl allein zu sein. Sie setzten sich auf die Decken und Säcke, die nach dem Schweiß, dem Urin der Viecher und nach verfaulten Kartoffeln rochen.

Sie ritzten Zeichen in Haselnussstöcke, schnitzten aus der Borke einer Kiefer Schiffchen und zählten die rostigen Nägel, die sich wie Würmer krümmten und in den Hosentaschen steckten. Karl zeigte Alfons das Loch im rechten Hosensäckel durch das er in seine Unterhose greifen konnte.

»Däss konnste ach emol probien.«[30]

Irgendwann schmiegte sich Karl an Alfons. Vorsichtig, um ihn nicht zu schrecken. Einem Impuls folgend, der nicht geplant war, der seinen ganzen Mut erforderte, näherte er sich Alfons. Arme und Hände gehorchten wie auf Geheiß einem Gebot, das aus seinem tiefsten Innern entsprang, da wo das Begehren nach körperlicher Nähe wie abgestorben lag.

Karl zog den zartgliedrigen Alfons an sich. Er umschlang ihn mit einem Verlangen, einer Bedürftigkeit, ja fast einer Gier. Er drückte Alfons an sich, rollte auf den Rücken, zog ihn mit sich und presste ihn auf seinen Bauch. Alfons wärmte ihn und sein Herz pochte wie verrückt.

Karl wollte Alfons mit hineinnehmen in seine Einsamkeit. Mit ihm eine Zeit lang die Demütigungen vergessen, die der Vater und seine Brüder jeden Tag für ihn parat hatten. Bei

---

[30] »Das kannst du auch einmal probieren.«

Alfons spürte er eine Wärme, aus der ein Glücksgefühl entsprang, ein Wohlsein, das er so noch nie erlebt hatte.

Alfons erschrak. Sein Magen krampfte. Die Enge. Er riss den Mund auf, hatte Angst zu ersticken. Karl hielt in fest, erhöhte den Druck, wollte Alfons für sich behalten. Dessen Körper spannte sich, wurde steif, er versuchte die Knie anzuziehen. Die Ellenbogen, seine Fäuste drängten sich zwischen ihn und Karl. Und endlich brach ein Schluchzen aus ihm hervor, ein Stöhnen, auf das hin Karl seinen Griff lockerte. Alfons rollte zur Seite und kroch zum Ausgang der Höhle. Er schnappte nach Luft und floh die Leiter hinunter aus der Scheune und rannte hinein in die Wiesen, bis er sich hinter einen Busch versteckte. Schnaufte. Sich beruhigte.

Was sollte er seinem Vater sagen? Er wollte gleich mit den aufgetragenen Arbeiten beginnen, wenn er zu Hause ankam. Wie sollte er Karl aus dem Weg gehen, im Dorf? Was sollte er seinen Freunden sagen, wenn er nicht mehr zum Fußballspielen kam?

Alfons konnte mit niemandem darüber reden, was ihm geschehen war. Er machte sich Vorwürfe, weil er mit Karl gegangen war, obwohl er nach Hause sollte.

Karl lag wie erstarrt, nachdem Alfons so erschrocken die Höhle verlassen hatte. Ihn fror es an den Stellen, auf denen Alfons zuvor lag, sich ihr Schweiß vermischt hatte, des Freundes Wärme in ihn eingedrungen war. Ein Hauch kühlte die nassen Flecken auf Bauch und Brust und das Hemd klebte auf der Haut.

Warum nur war Alfons davon gerannt. Er hatte ihm doch seine Höhle gezeigt, sein Geheimnis verraten. Alfons war ihm doch nachgelaufen, hatte ihn gar bewundert. Sie hatten Fußball gespielt. Er hatte Alfons doch nur umarmt. Wollte ihm nichts Böses. Karl folgte Alfons, er sah ihn gerade noch, wie er über die Wiesen rannte und hinter einer Hecke verschwand. Die Katze kam gesprungen, als sie Karl sah. Mit einem Satz hatte sie die Brüstung überwunden und schmiegte sich an Karls Hosenbein. Er packte sie mit beiden Händen und drückte sie an Brust und Bauch, da wo vor kurzem noch Alfons gelegen hatte. Seine Hand griff das Fell am Nacken des Tieres und drückte den Kopf an seine Wangen. Die Katze hieb Karl die Krallen in die Brust. Zorn und Wut trieben ihm Tränen in die Augen. Sein Arm zog sich wie ein Tau um den Bauch des Tieres. Seine Hand umschloss das Genick der Katze, ein kurzer Ruck, ein Knacken, der Körper erschlaffte. Karl warf die Katze wie einen Lumpen in eine Ecke der Scheune und schmiss Stroh darauf.

Der Vater brüllte seinen Namen über den Hof.

Karl kroch in seine Höhle zurück und ließ sich auf sein Lager fallen. Er spürte nichts, lag da wie ein Stein. Starrte ins Heu und fing an, verdorrte Gräser zu zählen, und gab es wieder auf. Er schloss die Augen und sah schwarze Streifen, die sich von einem Licht abgrenzten, das grell, weit hinten aus den Tiefen seines Schädels strömte. Alles drehte sich, bis ihm schwindelig wurde. Er drückte die Lider noch fester auf die Pupillen, bis sie schmerzten. Wirre Muster entstanden, die pulsierten und zu platzen drohten. Karl fror. Er schlug die Pferdedecke über sich. Der Geruch der Viecher drang durch Mund und Nase. Kopfschmerzen kündigten sich an. Sie krochen den Nacken hoch und schlugen mit aller Gewalt auf Stirn und Schläfen ein.

Karl war allein wie noch nie in seinem Leben.

Von jenem Tag an trug Alfons eine Traurigkeit in sich, die anhielt. Die sich in ihm festsetzte. Das kannte er so nicht. Bei einem Streit mit seinen Eltern oder seinen Freunden war die Aufregung nach ein paar Tagen vorbei.

Dass was Karl mit ihm gemacht hatte belastete ihn. Am schlimmsten war es abends im Bett, nach dem Abendgebet, dann konnte er nicht einschlafen. Oder wenn die Mutter ihn fragte: »Wøs hosden du?«[31]

»Nix«[32], sagte Alfons.

Er fühlte sich erwischt. Schämte sich. Man musste ihm nur ins Gesicht schauen, so dachte er, um zu wissen, was mit ihm los war. Zu wem konnte er noch gehen? Alfons fühlte sich von allen allein gelassen.

---

[31] »Was hast du denn?«

[32] »Nichts.«

1935 – Hitlerjugend

Karl wippte mit den Knien und zog dabei die schwarze Manchester über das Gesäß. Er knöpfte die Hose zu und verhakte das Koppelschloss. Die Arme fuhren in die Ärmel der Jacke und hoben sie auf die Schulter. Karl mochte diesen festen, steif gebügelten Stoff, der sich im Wind bauschte und ihn kräftiger wirken ließ. In die Brusttasche schob er Papier und Tintenblei. Mit jedem Knopf, den er durch den Schlitz schob, richtete er sich mehr auf, fühlte sich stärker. Als das Braunhemd geschlossen war, schaute er in den Spiegel.

Karl hob den Ledergurt auf die rechte Schulter, der an der linken Hüfte an dem Koppel eingehängt das Fahrtenmesser tragen half. Das Halstuch zog er durch den braunen Lederknoten und richtete es zur Mitte der Brust aus. Mit beiden Händen rückte er sich das Schiffchen auf dem Kopf zurecht. Karl schob es etwas schräg über den Scheitel. Die Spitze leicht auf die Stirn gedrückt, hob er sein Haupt in Würde und Stolz.

Wenn Karl in Uniform seinen Brüdern begegnete, ließen sie ihn in Ruhe. Der Vater betrachtete ihn von der Seite und ließ ihn laufen.

Trude schaute mit Sorge auf ihren Bruder. Die Nazis machten ihr Angst.

Bevor Karl zur Hitlerjugend kam, war er ein ängstlicher Bub gewesen. Schreckhaft. Er verkroch sich in seinen Verstecken. War stundenlang nicht aufzufinden. Hatte keine Freunde. Die Uniform der Hitlerjugend machte einen anderen Menschen aus ihm.

Trude sah ihn stolz den Hof hinaus schreiten.

Karl wagte sich unter die Leute. Trude gönnte ihm das.

Eigentlich.

Die Hitlerjugend traf sich am Mittwoch und am Samstag in der Schule. Das ehemalige Gotteshaus wurde zur Schule umfunktioniert, als Anfang des Jahrhunderts die neue Kirche oben auf dem Hügel eingeweiht wurde. Mittwochs hielt Lehrer Wagenhöfer den Unterricht. Karl lernte, dass die germanisch weiße Rasse die beste und edelste war. Die Juden trugen die Schuld für alles Elend. Karl kannte nur Viehhändler, die Juden waren. Sie kamen von der nahen Marktgemeinde Lebrach herüber mit ihren Transportern und boten Kühe und Pferde zum Verkauf an. Und sonntags bog sich Pfarrer Hufnagel über die Brüstung der Kanzel, wenn er den Zeigefinger nach oben stach und schrie:

»Die Juden, die Gottesmörder, haben unseren Christus ans Kreuz genagelt.«

Karl erfuhr, dass die Deutschen den 1. Weltkrieg verloren hatten, weil sie verraten wurden. Der Versailler-Vertrag ein »Schandfrieden« sei. Die Buben lauschten den Worten des Führers, die aus dem Volksempfänger kamen, dessen Wortfetzen wie das Kläffen eines Hundes auf sie niedergingen. Zum Schlussappell traten sie an in Reih und Glied und streckten den rechten Arm nach vorne und riefen dreimal »Sieg Heil« auf den Führer und das Vaterland und sangen das Horst-Wessellied.

Am Samstag ging Karl lieber zu den Treffen. Dann hatte er schulfrei. Und sie gingen hinaus in die Natur, lernten marschieren. Bauten Zelte auf. Feuer brannten. Und sie blieben über Nacht in den Zeltlagern.

Sie liefen Patrouille, übten die Wachablösung und schreckten sich immer weniger vor den Geräuschen der Dunkelheit. Das Knacken von trocknem Gehölz. Dem Wind, der die Äste aneinander rieb, Blätter über den Boden fegte und hoch auf den Bäumen das Laub rascheln ließ. Wenn aber der Kauz schrie, erschrak Karl. Sein Kreischen war ein Ton, der zum Ende hin abfiel, bevor er abriss. Die abrupte Stille stand wie ein schwarzes Loch vor ihm, das ihn verschlingen könnte. Karl erschauderte jedes Mal. Oder Alarmrufe der Eulen zerschnitten das Schweigen der Nacht. Abgehackte Klagetöne tremolierten dann durch das Dunkel und trieben Karl den Schweiß auf die Stirn. Karl dachte dann an seinen Vater, der in seinen Träumen fast jede Nacht schrie.

Karl trug den Dolch an der linken Hüfte und legte die Hand auf den Knauf. Es gab ihm das Gefühl bewaffnet zu sein. In der Klinge zog sich die Blutrille bis zur Messerspitze hin. »Blut und Ehre« stand auf dem Stahl und mit dem aus Kalbsfell bespannten »Affen« auf dem Rücken, wie der Tornister im Soldatendeutsch hieß, und dem Gewehr an der Schulter, war Karl bereit, seinem Führer zu folgen.

Stach Karl in Zukunft einem Schlachthasen die Kehle durch, nahm er seinen Dolch. Einen Hauch von Stolz durchströmte ihn. Er, Karl der Herr über Leben und Tod. Das Blut schob er dann mit dem Daumen aus der Rille.

»Blut und Ehre«. Das war es.

Zur Kampfausbildung der Hitlerjugend gehörten Ringkämpfe. Karl übte Griffe und Überwürfe und konnte sich immer besser bei den Burschen seiner Schulklasse durchsetzen. Er stieg zum Oberhordenführer auf und ließ die Pimpfe stramm stehen. Jagte sie übers Feld. Sie mussten sich auf den Boden werfen. Aufstehen, hinwerfen, aufstehen. Und kam einer nach dem zehnten Liegestütz nicht mehr hoch, drückte Karl dessen Gesicht in den Dreck. Karl hielt Ausschau nach Alfons, den er bei der Hitlerjugend noch nicht gesehen hatte.

Alfons Vater Bruno hatten sie abgeholt. Bruno hatte sich geweigert, im Dorf zum Gruß seinen Arm auszustrecken.

Ferdinand hatte ihn besucht, den Schmitts Bruno, und ihm gedroht, sich nicht gegen die neue Zeit zu stellen.

»Isch kann dann møi Hand nicht mehr üwer disch halten.«[33] In Uniform benutzte Ferdinand sein gebrochenes Hochdeutsch.

»Verrecktes Nazipack, verrecktes«, hatte Bruno am Sonntagmorgen beim Frühschoppen über die voll besetzten Kneipentische gebrüllt. Er hatte wohl ein paar Bierchen zu viel getrunken und ihm ging das Beweihräuchern des Führers der Männer auf den Sack.

Jeder wusste im Dorf: Wurde gewählt, war eines der drei SPD-Kreuze von Bruno.

Nach Dachau sei Bruno gekommen, wusste der Stammtisch zu erzählen. Und sie taten erleichtert, weil sie für das Richtige standen. Der Quertreiber war entfernt.

Alfons, seine Mutter und sein jüngerer Bruder wurden tagelang nicht gesehen. Die Leute im Dorf mieden sie. Beschimpften sie. Nur Rosa, die Bürgermeisterfrau, ging ins Haus der Schmitts und brachte denen etwas zu essen.

Karl wurde es warm im Bauch, wenn er an Alfons dachte und wie er den Buben damals in seiner Höhle auf sich gezogen hatte. Das war nun schon zwei Jahre her. Alfons war ihm seitdem aus dem Weg gegangen.

Karl hatte Sehnsucht nach Alfons. Und wenn er sich vorstellte, als Oberhordenführer ihn übers Feld zu hetzen, ihn zu demütigen, wusste er nicht so recht wie ihm geschah. Hin und her gerissen war er. Einerseits drängte es ihn, Alfons so richtig wehzutun, andererseits würde er ihn am liebsten umarmen und ihn ganz lange in den Armen halten. An sich drücken.

---

33 »Ich kann dann meine Hand nicht mehr über dich halten.«

Auf den Zeltlagern kroch Karl in die Zelte der »Pimpfe«. Zu den Buben, die durch den Drill eingeschüchtert waren, die Angst vor ihm hatten. Sie lagen auf Stroh. Mit Decken eng umwickelt. Sie boten ihnen keinen Schutz. Die Kälte hielt sie fest. Karl drang den Knaben in den zittrigen Leib.

Ferdinand, der Pferdebauer hatte die NSDAP in Heurich gegründet und aufgebaut. Zuerst hatten nur seine Schafkopfkumpels mitgemacht. Dann der Bürgermeister. Der Lehrer. Nun organisierten sie Feste im Jahr, wie den 1. Mai, Hitlers Geburtstag am 20. April, den Tag »Der deutschen Jugend« am 21. Juni, den Erntedank im Oktober. Auch den Jahrestag, den 9. November, als die Nazis 1923 mit Hitler, Ludendorff und Göring an der Spitze, bei ihrem Putschversuch auf die Feldherrnhalle in München zu marschierten.

Sogar am Pfingstfest der Katholiken störte sich das Rot des »Heiligen Geistes« und das Faschistenrot, das das Schwarz der Hakenkreuze hervorhob, nicht wirklich. Dann fehlten nur wenige bei den Aufmärschen im Dorf. Blasmusik, Fahnen und Fackelträger badeten im Meer der Hakenkreuze. Die Sonntagsmesse war noch gut besucht. Obwohl die Partei-Oberen Druck machten. Zuerst in ihren Familien. Rosa, die Frau von Wilfried, dem Bürgermeister, kanzelte ihren Mann ab.

»Jetz spennsde gønz. Vo møim Herrgodd brengsde misch ned wäg. Ihr wäd scho säh, wo dä hie kömmd. Spennsde dønn?«[34]

Am Samstagmorgen waren drei SA-Männer aus Lebrach ins Rathaus gekommen.

---

[34] »Jetzt spinnst du ganz. Von meinem Herrgott bringst du mich nicht weg. Ihr werdet schon sehen, wo ihr hinkommt. Spinnst du denn?«

»Die Ordensschwestern kommen weg. Sie kehren in ihr Mutterhaus zurück. Es ist schon alles in die Wege geleitet«, machte der mittlere Uniformierte deutlich.

»Däs könndä ned mache. Di brenge misch ömm im Døff. Di Schwäsdän woän scho immer do. Weä kömmerd sisch dønn ömm di Krønke? He. Di Leid brenge ihr Kennä in die Ønstalt. Un die Høndarbeidsschwäsdä mescht de Önnärrischd in de Schull. Do mach isch ned midd.«[35] Wilfried war laut geworden.

Wilfried, Ferdinand, Lehrer Wagenhöfer und Pfarrer Hufnagel waren in die Kreisleitung der NSDAP nach Lebrach gefahren und hatten um den Verbleib der Schwestern gebeten. Die Schwestern blieben.

Dieses Thema beherrschte wochenlang die Gespräche im Dorf. Und die Angst, dass Apollonia, Clothilde und Bernadette über Nacht verschwinden könnten, war immer zu spüren.

Nach der Feier der »Ersten heiligen Kommunion« rekrutierte Pfarrer Hufnagel die Drittklässler als Messdiener. So war es immer gewesen. Selten ging ihm einer durch die Lappen. Doch je mehr die Nazis das Dorfgeschehen bestimmten, desto weniger Buben entschieden sich für den Dienst in der Kirche. Die Söhne von NSDAP-Leiter Ferdinand, Bürgermeister Wilfried und Lehrer Wagenhöfer wagte er schon gar nicht mehr zu fragen.

---

[35] »Das könnt ihr nicht machen. Die bringen mich um, im Dorf. Die Ordensschwestern waren schon immer da. Und wer kümmert sich um die Kranken? Die Leute bringen ihre Kinder in den Kindergarten. Die Handarbeitsschwester macht den Unterricht in der Schule. Da mache ich nicht mit.«

Die Männerbänke im hinteren Teil der Kirche und auf der Empore lichteten sich und in die Frühandachten unter der Woche verloren sich nur noch ein paar Frauen und alte Männer in der Kirche.

Der Frevel machte nicht halt vor der heiligen Messe.

Kaum war das Eingangslied zum Hochamt am letzten Sonntag verklungen, schallte ein Quaken durchs Kirchenschiff. Schreie, die durch den Raum schlugen, vor dem Chor nicht Halt machten, von den Mauern abprallten und ins Kircheninnere zurückgeworfen, den Gläubigen in Mark und Bein fuhren.

Trude stand neben dem Taufbecken, hob den Deckel und sah die Frösche im geweihten Wasser baden.

Oder vor einer Woche, Samstag- auf Sonntagnacht, wurde das Kriegerdenkmal vor der Kirche entehrt.

Der heilige Michael war vom stolzen Krieger zu einer armseligen Kreatur herabgewürdigt worden. Eine stinkende Brühe triefte über Kopf, Rüstung und Schwert. Ein paar Saububen hatten ihn mit Jauche übergossen. Außer sich waren die Gläubigen, als in der Kapelle oben auf dem Mönchsberg die Statue des Heiligen Michael am Boden lag. Man hatte ihn gestürzt und liegen lassen. Der Kopf war abgebrochen.

Die Leute im Dorf wussten, wer die Frevler waren. Die Buben der Faschistenväter wurden als die Schänder gehandelt. Niemand kann der Strafe Gottes entfliehen, das wussten die Heuricher.

Pfarrer Hufnagel schrie von der Kanzel. Das Kirchenschiff bebte. Seine Augen stachen auf die Unschuldigen ein. Sein Kopf hatte die Farbe des ewigen Lichts angenommen. Die Namen der Verdächtigen nannte er nicht.

»Do hohn mä gesoffe wie die Löschä. De Didä ess önnä de Disch gefloche un de Edga hot em Greschoä in di Ønke gekotzt. Unnem Erisch søi Keesfüss, di hon geschdonge, do søin di Fensder ohgelaafe. Dänn hon mä nøchts in e Bürre geschmesse un en Ømer voll eiskald Wasser üwern drüwer geschüdd. Der hot gekresche.«[36]

Karl imponierten die Geschichten seiner Brüder, mit denen sie prahlten, wenn sie daheim ihren Urlaub verbrachten. Sie waren zum Arbeitsdienst eingezogen worden, um den Westwall aufzubauen. Jetzt leisteten sie ihren Wehrdienst ab und waren in Kaiserslautern stationiert.

Karl sehnte sich nach dem Militär. Weg vom Vater. Weg vom Dorf. Er würde zu den Männern gehören, die ihren »Barras«[37] ableisteten. Jeder Daheimgebliebene war als Drückeberger, als Schwächling und Faulenzer verrufen.

Karl wachte auf, seine Blase war im Laufe der Nacht vollgelaufen. Der Druck im Unterleib hatte ihn wach werden lassen. Er setzte sich auf, schwenkte die Beine über die Bettkante und stellte die Füße auf den Boden. Sein Oberkörper fiel zwischen die Knie, die Hand fuhr unter die Bettlade und holte den Nachttopf hervor. Karl richtete sich auf und hievte das Henkelgefäß nach oben in den Schritt. Er schloss die Augen und

---

36 »Da haben wir gesoffen wie die Löcher. Der Dieter ist unter den Tisch geflogen und der Edgar hat dem Gregor in den Nacken gekotzt. Und dem Erich seine Käsefüße haben gestunken, da sind die Fensterscheiben beschlagen. Den haben wir nachts in eine Blechwanne geworfen und einen Eimer eiskaltes Wasser über ihn geschüttet. Der hat geschrien.«

37 Wehrdienst

genoss das Leerlaufen seiner Blase. Er liebte den Pisse-auf-Blech-Klang und zog genüsslich die goldgelben Dämpfe durch die Nase. War er sonst fertig, stellte er »de Nøchdhøffe«[38] wieder unters Bett und ließ sich in die Kuhle der Strohmatratze plumpsen. Heute zog Karl sich an, nahm den Nachttopf, knarzte die Stiege hinunter und trat zur Haustür hinaus. Erste Lichtstreifen drängten sich zwischen die Wolken. Die Nacht zog sich zurück. Eine Kühle empfing Karl, die sich im Gesicht feucht anfühlte und die Augen tränen ließen. Er schüttete sein »Geschäft« auf den Misthaufen und schwenkte »däs Dippsche«[39] im Brunnentrog aus. Karl genoss es, wenn ihm in aller Frühe kein Mensch über den Weg lief. In der Küche hielt der Herd noch eine Restwärme bereit. Karl schöpfte sich lauwarmen Kaffee aus dem Kochtopf und säbelte sich einen Kanten Brot vom Laib, den er mit Zwetschgenmarmelade bestrich. Für den Tag packte er eine Vesper mit einer Flasche gespritztem Apfelwein in den Rucksack.

Draußen setzte sich Karl auf den Hackklotz, stellte den Dengelstock zwischen die Beine und legte die Sense auf den Amboss. Der Hammerkopf hatte gerundete Spitzen und wurde von Karl quer zur Schneide aufs Sensenblatt geschlagen. Seichte Rillen bildeten sich. Leicht schräg gehalten trieb der Hammer das geschmiedete Stahlblech nach außen, verdichtete und schärfte es. Karl fuhr von Zeit zu Zeit mit dem Daumen über die Schneide. Er musste bei dieser Arbeit zur Ruhe kommen, sich Zeit lassen. Denn der Hammer sollte von der Hand nur geführt, mit dem eigenen Gewicht eher auf die Kante hüpfen. Bei einem zu festen, unbedachten Schlag riss das Blech. Sensen konnten alt werden. Sie wurden jahrelang

38 Den Nachttopf

39 Das Töpfchen

mit Hammer und Wetzstein bearbeitet und verjüngten sich mit der Zeit sichelartig. Was den Gebrauchswert des Sensenblattes nicht im Geringsten schmälerte.

Brach sich das Gehämmer in den Gassen und Höfen des Dorfes und vermengte sich in den viertel- und vollen Stunden mit den Schlägen der Kirchturmuhr, wehrte sich manche Kreatur gegen das abrupte Aufwachen, wälzte sich im Strohsack, widerwillig, bis sie sich den Dengelschlägen ergab und aufstand. Die Übeltäter verfluchend.

Karl steckte Wetzstein und Sensenschlüssel in die Kitteltasche, legte sich eine Heugabel und den Sensenwurf mit dem eingeklappten Blatt über die Schulter und ging übers »Kurze Feld« zur »Schulteswiese«.

Er warf seinen Rucksack an den Stamm des Birnbaumes, legte die mit Apfelwein gefüllte Seltersflasche in den Born, der an der Grenze zum Nachbarn hin einen kleinen Sumpf mit seinem Wasser speiste. Das Gras war hier dunkler, steifer und die Halme waren an den Rändern scharf wie ein Messer. Als Futter und zum Heumachen war dieses Gras nicht zu gebrauchen. Zwischen Daumen und Handballen gespannt und mit spitzen Lippen reingeblasen, war der Grashalm zum Stimmband geworden, der dem Schrei eines Waldkauzes zum Verwechseln ähnlich war.

Karl verschraubte das Sensenblatt mit dem Wurf, richtete es nach seinem Armschwung aus, spuckte auf den Wetzstein und strich über die gedengelte Schneide.

Der Tau an den Gräsern, die leichten Nebel, die über dem Boden hingen, die Stille, waren Reste der Nacht. Sie trugen das Geräusch vom Wetzen der Sense den Bach entlang, das Tal hinunter, bis es sich in den Büschen und Bäumen verlor.

Den ganzen Tag war Karl hier draußen, die Wiese vor sich, die er Streifen für Streifen abmähte. Beide Füße rutschten abwechselnd nebeneinanderher, sodass sich zwei Schleifspuren hinter ihm herzogen. Karl hatte leicht die Knie gebeugt, der aufrechte Brustkorb, schwenkte hin und her. Die Arme ausladend, ließen die Sense mit einem Fauchen durch die Halme fahren. Der Schnitt häufte das Gras zu langen Reihen (Møhre), die sich über die ganze Länge der Wiese schlängelten.

Karl wischte sich mit dem Taschentuch über die Stirn. Mit dem Daumen klickte er den Schnappverschluss der Flasche auf und spülte den Apfelwein durch die Kehle. Es wurde ihm leichter. Er setzte sich ins Gras, lehnte sich an einen Apfelbaum und schaute die Wiese hinunter. Das würde die letzte Arbeit sein für den Schusterhof. Karl hatte seinen Einzugsbefehl erhalten. Morgen früh würde er mit dem Bus nach Pfalzberg an den Bahnhof fahren. Den Leuten, die in die Schusterwerkstatt kamen, hatte er mit Freude davon erzählt. Der Schreinersmichel hatte große Augen gemacht.

»No. Wo kömmsten hie, wo?«[40]

Karl erzählte von Frankreich, da wo sein Vater schon gekämpft hatte, als wenn er dort gewesen wäre. Er würde den Führerschein für Lastkraftwagen machen und mit seinen Kameraden von Sieg zu Sieg ziehen. Karl sah sich schon als Held heimkehren und er würde als Lasterfahrer sein Geld verdienen, um später, wie Otto den Omnibus zu fahren.

Abends würden sie in der Runde sitzen, kehrten Karls Gedanken wieder aufs Schlachtfeld zurück, Fleischspieße ins Feuer halten, Kartoffeln in die Glut werfen, mit einer Zigarette im Mundwinkel und einer Flasche Bier in der Hand auf ihre Siege anstoßen. Das Gras breitete Karl zum Trocknen noch aus, wenden musste es morgen der Vater selber.

---

40 »Na. Wo kommst denn du hin, wo?«

Februar 1940 – Trude

Karl ging die Stiegen hinunter. Die Holzstufen dröhnten wie Trommelschläge. Er hatte ein Bündel über die Schultern geworfen. Im Türrahmen blieb Karl kurz stehen.

»Machs gut«, rief er und war verschwunden. Trude sah Karl hinterher.

Die Haustür fiel ins Schloss. Knallte in den Rahmen. Ein Schlag, der etwas Endgültiges hatte.

Trude erschrak und blickte aus dem Fenster.

Karl nahm die Stufen der Treppe zum Hof mit zwei Sprüngen. Zweimal klatschten die Ledersohlen auf die Sandsteinblöcke. Wie Hiebe trafen sie Trude. Sie stand verlassen in der Küche. Das Haus war wie ausgestorben. Karl hatte sehnsüchtig auf seinen Einberufungsbefehl gewartet. Dachte, vergessen worden zu sein. Fragte den Bürgermeister.

»Døi zwa Brürer søin scho fød un døin Vødder ess mid em steife Bøh vom öschte Kriesch høm komme. Villeischd esses däss.«[41]

Nun rannte Karl zum Postbus, um mit Otto in die Stadt zur Sammelstelle zu fahren.

Trude erinnerte sich noch daran, wie ihr Vater vor zwanzig Jahren heimgekommen war. Im Dezember 1918 hatte er in der Tür gestanden. Sein Körper war krumm und ausgezehrt. Der linke Arm verwundet, sein Bein steif. Ein gebrochener, alter Mann schlurfte damals in die Küche.

Trude streifte sich das Tuch vom Kopf, das vom Schweiß gebleicht seine blaue Farbe schon fast eingebüßt hatte. Sie

---

[41] »Deine beiden Brüder sind schon eingezogen worden und dein Vater ist mit einem steifen Bein aus dem Ersten Weltkrieg nach Hause gekommen. Vielleicht ist das der Grund.«

formte die Haare zu einem Nest und verknotete es auf der Stirn. Trude versenkte beide Hände in die Taschen der Mantelschürze, die mit zu großen roten Rosen bedruckt war. Mit dem Rücken lehnte sie sich an den Spülstein und schnaufte tief durch.

Knapp zwanzig Jahre war es her. Trude war zwölf und sah Karl vor sich, als ob es gestern gewesen wäre. Wie er in Windeln gewickelt im Wäschekorb lag und schlief, während sie und ihre Brüder am Bett der toten Mutter standen. Beide Hände drückte sie damals auf ihren Bauch, um die Krämpfe zu besänftigen. Dem Schmerz Einhalt zu gebieten. Jeder Herzschlag gab ihr einen Stich. Trude hätte sich am liebsten zur Mutter gelegt und wäre mit ihr fortgegangen. Sie wusste nicht, wie es weiter gehen sollte. Sie mit dem Vater, der ein Krüppel war. Max und Seppl waren elf.

Fünf Jahre später stand sie im gleichen Schlafzimmer am Totenbett von Berta, die als Amme Karl die Brust gegeben hatte und mit ihrer Tochter Marie im Schusterhaus geblieben war.

Zu ihrem Bruder Karl hatte sie von Anfang an keinen Zugang gefunden. Er lag als kleines Kind schon stundenlang stumm in seinem Bettchen. Trude hatte ihn manchmal hochgenommen, versuchte mit ihm zu reden. Doch Karl machte sich steif in ihren Armen, und drehte den Kopf von ihr weg. Ihr tat es weh, wenn sie in seine Einsamkeit blickte. Karls Augen waren grau und glasig feucht, wie kurz vorm Weinen. Ihren Blick erwiderten sie nicht. Und dann wieder dieses Starren auf einen Punkt, wenn er in der Kammer im Bettchen lag.

Max und Seppl waren wilde Burschen, die nicht aufzuhalten waren. Trude war mit sich allein im Schusterhaus und so hatte sie auf einen Bruder gehofft, mit dem sie reden konnte.

Die Familie traf sich nur beim Mittagstisch, wenn der Vater die Arbeiten verteilte oder beim Abendessen. Karl war immer wie auf der Flucht, er hatte kaum den letzten Bissen verschlungen, da war er auch schon verschwunden.

Karl tat ihr leid. Freunde hatte er keine.

Außer sich war sie, wenn sich ihre Brüder prügelten oder der Vater mit einem Stecken in der Hand hinter Karl her fuchtelte, weil er nicht den Schweinestall ausgemistet hatte. Oder der Vater, ohne Grund, seinen Zorn an Karl abarbeiten musste.

Trude schloss die Augen und hing ihren Gedanken nach. Morgens wusste sie schon, dass die Arbeit nicht zu schaffen war. Gerade nach Bertas Tod, da war sie siebzehn, wusste sie oft nicht, wo ihr der Kopf stand. Am Abend sank sie in ihr Bett und die Gedanken fielen über sie her. Wüste Fantasien, die sie nicht stoppen konnte.

Einen Stock tiefer wälzte sich der Vater in seinen Träumen und schrie.

Der Vater tat ihr keine Gewalt an. Er kam mit wenigen Worten durch den Tag.

Trude schaute an sich hinunter. Ein zu dünner Körper stand in Holzschuhen. Die Füße steckten in dicken Socken. Trude war zweiunddreißig Jahre alt und kam sich alt vor. Sie war müde. Die Arbeit würde nach Karls Weggang zunehmen. Sie bewirtschaftete jetzt allein mit dem Vater den Hof. Ihre Brüder Max und Seppl zogen schon 1939 nach Polen in den Krieg.

Und doch wuchs ein Gefühl der Erleichterung in ihr. Sie musste nicht mehr den Zank des Vaters und der Brüder aushalten. Sie stellte sich oft zwischen die Männer, um zu vermitteln, und wurde zum Schluss, von der eigenen Ohnmacht mit einem schlechten Gewissen bestraft.

Trude sehnte sich nach der Zeit, als ihre Mutter noch lebte. Sie gab ihr Schutz, sie fühlte sich bei ihr aufgehoben, trotz der Arbeit auf dem Feld, dem Hof. Der Haushalt war zu machen und die Schusterwerkstatt gabs ja auch noch. Sie sah ihren Vater vor sich, der vor dem Krieg fürsorglich war, ein stiller Mensch, in sich gekehrt, der in Ruhe sein Tagwerk bewältigte. Es kamen die Zwillingsbrüder Max und Seppl auf die Welt. Und die Mutter nahm manchmal ihren Kopf in beide Hände, schaute sie an und erzählte ihr, dass sie sich in ihren Augen sehen könnte. Zweimal sogar. Sie lachte, streckte ihre Zunge heraus, schnitt Grimassen und streichelte ihre Nase, die Lippen. Fuhr ihr mit beiden Daumen über die Wangen und küsste sie auf die Stirn.

Bald jeden Abend holte sich Trude diese Bilder vor Augen, dachte an die Mutter, wie sie bei ihr auf dem Schoß saß, umarmt und beschützt. Es wurde anders als der Vater aus dem Krieg nach Hause kam. Ein Fremder stieß damals die Küchentür auf. Ein gekrümmter, ausgemergelter alter Mann holte sich einen Teller aus dem Regal, setzte sich an den Küchentisch und nahm sich Kartoffeln aus dem Topf.

Juli 1946 – Die Schusterwerkstatt

Der Arbeitsplatz von Karls Vater befand sich auf einem Podest in der Ecke der Werkstatt. Vier Holzbeine, die leicht schräg nach außen standen, waren mit Kanthölzern verbunden, grob gehauen mit dem Handbeil und trugen die Bohlen, die mit Nägeln fixiert waren. Wie auf einer Bühne thronte der Alte und schaute auf seine Untertanen. Im Laufe der Jahre waren die Bretter ergraut, waren bis ins Mark ausgedörrt, hatten sich gewunden und Risse bekommen. In die Maserung schliffen sich Kuhlen ein. Äste traten hervor, durch das ewige rauf und runter des Meisters. Und musste er alle Sinne beisammen haben, schabte er mit den Schuhen auf dem Holz; zum Beispiel, wenn er die Ahle durch das Leder trieb, und die Schweineborste (Nackenhaare einer Wildsau) am gefetteten Zwirn befestigt durch das gestochene Loch schob, um den Oberschuh an die Sohle zu nähen. Eine Marotte von Anton, die sich verselbstständigt hatte.

Es brauchte die Zeit, dass es Ereignissen möglich war, im Jahreszyklus eingebunden, die immer gleichen Bewegungsabläufe in die tägliche Arbeit einzubetten, bis sich unbemerkt Mulden und Riefen ins Holz eingruben. Höcker, die wie Glasaugen vor sich hinstarrten, arbeiteten sich aus dem Holz. Und schaute der Betrachter genau hin, entdeckte er Mehl vor Höhlen, fand stecknadelgroße Eingänge in Behausungen, die von Holzwürmern bewohnt wurden. Die unter die Bühne geschobenen Schuhe und Schlappen hatten sich mit Staub bedeckt, als ob sie in Vergessenheit geraten wollten.

Anton saß auf einem dreibeinigen Schemel, der die Gabe besaß, auf unebener Fläche nicht zu wackeln. Hinter ihm lehnte sich ein Regal voller Leisten an die Wand. Nahm er einen, um ihn in einen Schuh zu schieben, glitt das glatte Stück

Holz durch seine Hände. Die Finger strichen darüber, fast zärtlich und wendeten es hin und her, so wie ein Blinder einen Gegenstand betastet, um ihn zu begreifen.

Antons Platz war auf Fensterhöhe und er sah auf die Fuhrwerke hinunter, die auf der Gasse zum Dorf hinaus zogen. Von draußen sahen die Bauern den Schuster über dem Kellergeschoss, wie in einem Schaufenster ausgestellt, und sie nickten mit dem Kopf, wenn sie an ihm vorbei zogen. Oft aus Gewohnheit und ohne aufzuschauen. Männer, in blauen Kitteln, die Köpfe mit Schildkappen bedeckt, saßen auf der Pritsche, schlenkerten ihre Beine, knallten mit der Peitsche oder disputierten mit den Kühen, um sie anzutreiben. Frauen in Kleidern, die die Knie bedeckten, die Mantelschürzen trugen, versuchten die Kinder zu bändigen, die auf dem Wagen keine Ruhe gaben. War der Acker gepflügt und merkten die Viecher, dass es nach Hause an den heimischen Trog ging, schaukelten sie ihre schweren Leiber in Eile, ohne dass es eines »Hü« oder »Hodrem«[42] des Bauern bedurfte.

Karl war heil vom Krieg zurückgekommen. Er saß auf einem Hocker direkt vor dem Podest. Sein Kopf war auf Kniehöhe des Vaters. Im Bannstrahl seines Alten. Die Knute vor Augen.

Karl wollte in der Stadt eine kleine Wohnung beziehen, sich als Lastwagenfahrer eine Arbeit suchen, um nach ein paar Jahren, wie Otto, den Omnibusführerschein zu machen. So hatte er es sich vor dem Krieg vorgenommen.

---

[42] Kommandos für die Kühe: Hü = vorwärts. Hodrem = rechts abbiegen. Harem = links abbiegen.

»Di Dommheire konnsde dä ausm Kopp schløche. Weä söllen dønn di Arwäd schaffe«[43], brauchte der Vater nur wenige Worte, um seine Pläne zunichtezumachen. Schon von klein auf machte Karl den Vater für sein Elend verantwortlich. Für die Gewalt, die schwere Arbeit, für sein Alleinsein. Der Vater war eine Übermacht und Karl hatte Angst vor ihm. Bis heute. Karl stellte sich vor, wie er ihn umbringen könnte. Ein Stoß und er würde in der Jauchegrube verschwinden. Oder wenn sie Kleinholz, in »Wellen« gebunden, die senkrechte Leiter in der Scheune hoch hievten und oben im Gebälk lagerten. Auch da könnte der Vater zu Tode stürzen.

»Wøs meschd dä ah mid seum steife Haxe do owwe uff de Ladern«[44], würden die Leute sagen. Und die Sense, von Karl frisch gedengelt und scharf wie eine Rasierklinge, bot Möglichkeiten. Karl dachte an die letzten Jahre zurück.

Im Krieg bei seiner Einheit hatte sich Karl freiwillig gemeldet, wenn der Feldwebel Männer für eine Exekution brauchte. Es hatte ihm nicht viel ausgemacht, Partisanen zu erschießen oder Verräter zu strangulieren. Bald jeden Tag fielen sie in Dörfer ein, trieben die Menschen zusammen und erschossen sie. Oder sperrten sie in Scheunen, die Kinder, Frauen und Alten, und fackelten sie ab. Für Karl bot sich bei diesen Aktionen die Gelegenheit, sich einen Buben zu greifen, um ihn zu vergewaltigen. Karl konnte seiner Lust freien Lauf lassen. Konnte sich an den Buben austoben. Nach dem Akt brauchte es nur einen Genickschuss und die Sache war erledigt.

---

43 »Diese Dummheiten kannst du dir aus dem Kopf schlagen. Wer soll denn die ganze Arbeit schaffen?«

44 »Was macht der auch mit seinem steifen Bein oben auf der Leiter.«

Während des Krieges steigerte sich Karls Trieb zu einer hemmungslosen Sucht.

Und jetzt hockte er in der Schusterwerkstatt vor seinem Vater. Karl hasste ihn und hasste seine Ohnmacht dem Alten gegenüber. Karl schaute auf die Uhr, die ihr Pendel teilnahmslos baumeln ließ und so das Schweigen noch beschwerte. Karl fiel zurück in seine Gedanken, wie er den Vater beseitigen könnte.

Kam ein Kunde taute Karl auf. Er war freundlich, schrieb den Namen auf die Schuhsohle oder zog ein repariertes Paar aus einem Haufen von Schuhen und kassierte den Lohn. Meist gelang ihm eine witzige Formulierung, die der Werkstatt für eine Zeit die Düsternis nahm.

Eine Bank stand unter der Uhr. Auf ihr ließ sich der Bauer nieder, der mit einem Zuggeschirr kam, an dem nur eine Kleinigkeit zu nähen war, oder einer, der auf seine Stallschuhe warten wollte, weil es seine einzigen waren. Auch saß immer mal wieder ein Alter unter der Uhr, um seine Zeit totzuschlagen, und die Luft in der Werkstatt genoss, die von geölten Dielen, Terpentin und von den Körpersäften der von Menschen getränkten Schuhen und Lederhosen nur so troff. Wenn Kindern kamen, war Karl der Unterhalter und zeigte sein Interesse an ihnen.

»Un, gehsde ach scho in di Ønstald. Un besde bä de Schwäsdä Clodhilde. Di Omma düd disch bestimmt nuff in di Ønstald, gäll«[45], und zog dem sprachlosen Kleinen, als Zärtlichkeit gemeint, die Ohren lang.

---

[45] »Und gehst du auch schon in den Kindergarten? Und bist du bei der Ordensschwester Clothilde? Deine Großmutter geht mit dir bestimmt in den Kindergarten.«

Oktober 1947 – Karl und Hedwig

Es war der Samstagabend.

Den obersten Knopf hatte Karl an seinem Hemd offengelassen. Rote und weiße Karos schob er in den Hosenbund und strich mit den Händen über die Beine, fuhr mit ihnen wie mit einer Kleiderbürste die Ärmel seines Wamses entlang und klopfte sich wie zum Eigenlob auf die Schultern. Staubwölkchen stoben aus der Schafswolle, hielten sich einen Moment in der Luft und schwebten wieder auf die Joppe, um in die mit dicken Nadeln gestrickten Maschen heimzukehren. Karl stieg in die Schuhe. Gewichst waren die und mit einem Lappen so lange bearbeitet, bis sie wie eine Speckschwarte glänzten. Der als Schuhlöffel gebrauchte Zeigefinger bog sich, um den Fersen ins Schuhbett zu helfen. Karl nahm seinen Hut, verließ den Hof und lief die Gasse hinunter.

Nach Bucheck stand der Wolfsbuckel im Weg. Auf dem Berg hatten Dachse und Füchse für ihre Bauten unterhöhlt. Aus Angst vor den Tieren mieden Kinder dieses Gebiet und in der Nacht fielen den Alten so manche Gründe ein, um ja nicht den kürzeren Weg über den Berg ins Nachbardorf zu nehmen.

Karl lief die Pfade an den Wiesen und Äckern entlang, in den Wald hinein, durch nasskaltes Herbstwetter. Wenn Karl mit sich allein war, tobten seine Gedanken. Er spürte, wie der Nacken feucht wurde, sich spannte, der Schmerz anklopfte, sich auftürmte und auf seinen Kopf einhämmerte.

Vor Weihnachten 1945 war er aus der Gefangenschaft entlassen worden. Das war nicht einmal ein Jahr her.

Der Russlandfeldzug: Leichenberge. Die übervollen Gruben mit Leibern, nackt, ineinander verknotet. Verschmiert mit Blut und Dreck. Bilder stellten sich ihm in den Weg. Mit schwerem Öl gespachtelte Gemälde stierten ihn an. Grelle Farben. Jedes Detail wie eingebrannt im Kopf, zwangen ihn, sich zu erinnern.

Wie Mörderbanden waren sie durch Weißrussland gezogen. Jeden Tag. Karl sah die Gräuel vor sich, in der er und seine Kameraden gebadet hatten.

Der Schädel drohte zu bersten. Er richtete sich auf. Durchatmen. Karl legte einen Schritt zu. Im Forst war es dunkel geworden. Er wollte nicht stolpern.

Als Karl die Blechbläser spielen hörte, fuhr er mit der Hand in den Säckel, zerknüllte und knetete sein Taschentuch, das er vor kurzem glattgebügelt aus der Schublade genommen hatte. In der Hosentasche fasste er nach seinem Taschenmesser und rubbelte mit dem Daumen am Schaft.

Das Jauchzen und Gejohle der Mädels und Burschen kam näher. Karl ging langsamer, verhaltener, als ob er sich vortasten wollte. Vor der Wirtschaft blieb er stehen. Wie angenagelt. Sollte er umkehren?

Für Daheim hatte er vorgefertigte Lügen parat.

Karl hatte sich ein paar Burschen angeschlossen, die auch unschlüssig vorm Eingang standen. Gemeinsam wagten sie sich die Treppe hoch, die in den Tanzsaal führte. Der Mief von Bier und Schnaps, von Parfüm und Schweißschwaden ließen seine Augen tränen. Ein Dunst wie in der Waschküche, dachte Karl.

Frauen balancierten Tabletts voller Bierkrüge an ihm vorbei. Brote mit Leberwurst bestrichen und mit Pressak belegt, lagen auf dem Bierausschank.

Beschämt mit dem Gefühl erwischt zu werden, verdrückte sich Karl neben dem Eingang, wie in einem Hinterhalt. Karl hatte sich in seiner Ecke eingerichtet, nippte an einem Bier.

Hedwig saß inmitten ihrer plappernden und kichernden Freundinnen. Sie war ihm gleich aufgefallen. Hedwigs Haar, exakt gescheitelt, umrahmte ein ovales Gesicht. Karl gefiel es, wenn ihr Zeigefinger alle naselang eine Strähne hinters Ohr strich. Ihm fiel auf, dass sie keinem Burschen einen Tanz abschlug. Und wenn sie tanzte, hatten ihre Schritte und Drehungen etwas Leichtes, ja Freudiges. Beinen, Füßen, die ihrem Gegenüber nicht gehorchten, wich Hedwig aus und brachte ihre eigenen auf elegante Weise in Sicherheit.

Karl maß den Raum in langen Schritten, als die Musiker ihre Trompeten und Hörner nach einer Pause wieder zur Hand nahmen. Hedwig anvisierend, nutzte er die Gasse zwischen den schon aufgestellten Paaren und stand plötzlich vor ihr. Karl war im Geiste jeden Schritt durchgegangen. Etliche Male. Hatte sich eine leichte Verbeugung vorgenommen und ein »Biddschöh«[46] vor sich hin gesagt. Doch sein Mut war auf dem Weg durch den Saal irgendwie verloren gegangen. Stumm und verloren stand er da. Den Kopf zu Hedwig geneigt.

»Du wellsd beschdimmd mid mä dønze, gäll«[47], taute Hedwig Karl auf und nahm ihn bei der Hand.

Karl hatte noch nie getanzt.

Die Blech spielte einen Schieber. Karl stand Hedwig gegenüber und wusste nicht weiter, seine Füße gehorchten ihm nicht. Hedwig versuchte, ihn ins Pendeln zu bringen. Erst mal von einem Bein aufs andere und zurück.

Karl war ein Leichtfuß, wenn er auf dem Fußballplatz dem Ball hinterher stürmte. Seine Bewegungen sahen schmeidig aus, wenn er den Sensenwurf schwang und sich die Ähren

---

46 »Bitteschön.«

47 »Du willst bestimmt mit mir tanzen.«

des Weizens wohlgeordnet auf die Seite legten. Oder verwegen, wenn er ein Haus bauen half und oben auf dem Gebälk seiner Wege ging, als ob er spazieren gehen würde.

Bei den Soldaten wurde er mitgezogen von dem »tamtaramtamtam« der Marschmusik. Und er kam fast in einen Rausch, wenn er mit seiner Kompanie zu einer Einheit verschmolz und im Gleichschritt bei Militärparaden aufmarschierte.

So gerne würde er, katzenpfotenleicht den Tanzboden eher nur antupfen, Hedwig um die Hüfte fassen, den Schwung mitnehmen, sich im Kreise drehen, immer schneller, mit ihr in eine Begeisterung kommen, die seinen Geist aufweichte, locker machte. Er ins Schaukeln kommen würde, bis eine Wurstigkeit seine Selbstbeherrschung zart umwickelte. So, wie wenn er ein paar Bierchen gekippt hätte. Hedwig weckte in ihm eine Sehnsucht nach Leichtsinn und Fröhlichkeit. Wenn er seine Nase in ihr Haar drückte, wäre er am liebsten mit ihr verschmolzen, hätte gerne die Grau- und Schwarztöne in seinem Inneren mit Sonnengold, Tannengrün, Rostbraun und einem Himmelblau als Hintergrund angepinselt. Drumherum müsste das Bild mit schweren Hölzern eingefasst sein. Wenn die Musiker durchatmeten, die Bierkrüge aneinander stießen und das Treiben eine kleine Pause einlegte, schaute Hedwig in Karls Gesicht und fand seine Augen in Höhlen, die eng am Nasenrücken in den Kopf eindrangen. Die Brauen, wie ein Gestrüpp, warfen einen Schatten. Eine Falte fiel bis zur Nasenwurzel, verzweigte sich dort und teilte die Stirn in zwei Hälften. Ein paar Härchen säumten den Rand der Lider.

Karl hatte die Augen zu einem Strich verengt. Nur wenn Hedwig lachte, weil auf einmal eine Drehung gelang oder Karls Schritte den Takt trafen, sah sie seine Iris mit den schwarzen Stecknadelköpfen in der Mitte. Karl hielt dem

Blick nicht stand, schaute an ihr vorbei und versuchte ein Grinsen, um sein Gesicht nicht zu verlieren. Er fühlte sich erwischt, als ob Hedwig in ihn hineinsehen und sie die Schandtaten, die in ihm rumorten sehen könnte. Wie gelähmt stand er dann da. Sie schubste ihn oder nahm seine Hand.

»Wøs hosde dønn?«[48], fragte sie ihn mitten ins Gesicht.

»Nix«, verteidigte er sich.

Karl konnte die Wochenenden kaum erwarten. Gleich nach der Stallarbeit am Freitag zog er die Kluft an, die Hedwig gefallen würde, und eilte nach Bucheck. Obwohl, wenn er in seinen Schrank schaute: die Auswahl seiner Klamotten war gering. Da hingen der Sonntagsanzug und ein paar Hemden an der Stange. Pullover und ein Wams lagen im Fach, daneben Strümpfe und die angegraute Unterwäsche. Auf dem Boden standen die Sonntagsschuhe zum Ausgehen.

Zur vereinbarten Zeit war Hedwig meistens am Küchenfenster und konnte die Stelle am Scheunentor einsehen, an der Karl sich aufstellen würde.

Dort trat er sich die Beine in den Bauch, wenn Hedwig noch einige Zeit brauchte. Die Küche noch aufgeräumt sein wollte oder der Spülstein voller Geschirr stand. Karl stampfte dann seine Ungeduld in den Lehm, immer mit der Furcht, vertrieben zu werden. Bis zu einem Jahr mussten sich die Burschen gedulden, mussten als Zukünftige von den Eltern genehmigt sein, bis sie endlich das Haus der Verehrten betreten durften. Zuerst nur am Sonntag. Später kamen der Mittwoch und der Samstag hinzu.

Sonntags gingen Hedwig und Karl spazieren und mussten sich der Neugierde der Dörfler ausliefern.

---

[48] »Was hast du denn?«

»Gugdemoll, di laafe minønner. Ob däss wøs wät, mit däm Schuster søim Jonge?«[49]

Waren sie im Wald verschwunden, suchte Hedwig Karls Hand und nahm seinen Schritt auf. Sie hatte das Gefühl, ihn führen zu müssen, weil sein Gang etwas Schweres hatte. Hedwig schlenkerte mit den Armen. Karl ließ sich führen, war vergnügt, schaute auf seine Hedwig und liebte sie noch inniger. Verlor er sich in seinen Gedanken und sie sah seinen geneigten Kopf, stellte sie sich ihm in den Weg.

»Wøs essen mit dir, søch halt emol wøs!«[50]

»Nix ess«[51], wusste Karl dann nur. Dann tat er ihr leid.

Sie stiegen hoch auf den Wolfsbuckel. Dort oben unter einer Buche hatten sie einen Platz gefunden. Hedwig legte ihren Kopf an Karls Schulter. Der drückte sie an sich, als wenn er sie jeden Augenblick wieder verlieren könnte. Wie Spannseile umschlangen seine Arme ihren Körper. Sie musste sein Zupacken, seine Grobheiten abfangen, abwehren, ihn dirigieren, von ihm fordern, behutsam zu sein. Ihm zeigen, wie er zärtlich in ihre Lust eintauchen könnte. Karl mühte sich in seiner Ungeduld.

Karl musste Hedwig überreden ins Schusterhaus mitzukommen. Er ging schon seit einiger Zeit bei ihr ein und aus. Hedwigs Eltern mochten Karl. Dann endlich: An einem Sonntagnachmittag hatte seine Schwester Trude eine weiße Decke über den Tisch gebreitet und das bessere Geschirr aus dem Schrank geholt. Teller, die Kaffeeschalen gar mit Untersetzern. Eine Kanne mit einem gebogenen Schnabel, der einem

---

49 »Schaut mal her, die gehen miteinander. Ob das was wird, mit dem Schuster seinem Jungen?«

50 »Was ist denn mit dir, sag halt mal was!«

51 »Nichts ist.«

Schwanenhals glich, und vier Gedecke aus hellem Porzellan standen auf dem Tisch. Trude hatte Gäbelchen an die Teller gelegt und einen Gesundheitskuchen gebacken. Hedwig war erleichtert. Trude und sie hatten gleich einen Draht zueinander gefunden. Plauderten drauf los. Karl grinste. Er genoss das Geplänkel der beiden Frauen.

Abrupt stockte das Gespräch.

Anton stand in der Tür.

»Däss ess di Hedwisch. Komm setz disch her«[52], forderte Trude ihren Vater auf.

Karl hatte Hedwig seinen Vater als einen Schweigsamen, ja auch etwas mürrischen Menschen geschildert, der auch mal brüllte, aber im Großen und Ganzen einer war, mit dem man auskommen konnte.

Doch vor dem Mann, der an die Stirnseite des Tisches kam, sich auf den Stuhl setzte und sein Bein wie einen Pfosten unter den Tisch schob, wich Hedwig zurück.

Anton starrte sie an, überfallartig, unverhohlen. Hatte sein Gesicht auf sie ausgerichtet. Karl legte seine Hand auf ihren Arm.

»Däss ess di Hedwisch«, wiederholte Karl Trudes Worte.

Hedwig hatte nach dem ersten Kennenlernen das Schusterhaus wochenlang gemieden, so sehr war sie erschrocken und konnte doch ohne Karl nicht sein. Hedwig und Karl sehnten die Wochenenden herbei. Karl gab sich einfühlsam, ja liebevoll, wenn sie alleine mit sich waren.

»Isch brauch noch Zeit «, bat Hedwig.

»Owwer, mir søin doch scho üwwer e Joä bänønner.« Karl sah sie an.[53]

---

52 »Das ist die Hedwig. Komm, setze dich zu uns.«

53 »Aber wir sind doch schon über ein Jahr zusammen.«

»Isch hoh Øngst vor døim Vødder.«[54] Sie hielt seinem Blick stand.

»Jezz spenste owwer. De Vødder düd dä nix.«[55]

Unter der Woche sehnte sich Hedwig nach Karl, sie liebte ihn, wollte mit ihm zusammenleben. Sie ließ sich überreden.

Hedwigs Hochzeitskleid war das ihrer Tante Erika. Seinen Anzug lieh sich Karl vom Busfahrer Otto.

Sie zogen ein in Karls Zimmer unters Dach. Daneben hatte Trude ihre Kammer.

Hedwig lernte die Geräusche des Hauses wahrzunehmen, hörte die Dielen knarren, wenn Anton durch seine Werkstatt schlurfte und sein Bein hinter sich her zog. Oder erschrak, wenn er Nägel in die Schuhe trieb. Manchmal stand er plötzlich vor ihr, den Hammer noch in der Hand. Sie erschrak, weil sie ihn nicht kommen hörte. Mit ihren Gedanken war sie oft in ihrem Elternhaus und sehnte sich nach ihrem früheren Leben.

Wenn sie allein mit ihm im Haus war, brüllte Anton seine Arbeitsaufträge hinter ihr her oder er starrte sie an, griff sich in den Schritt und knetete sein Gemächt.

Karl hörte Hedwig nicht an und ließ sie mit ihrer Not allein.

»Du üwwertreibsd, däss møhnd der ned so«[56], fertigte Karl sie ab.

Nachts im Bett, wenn Karl zu schnarchen anfing, weinte Hedwig leise in sich hinein.

---

54 »Ich habe Angst vor deinem Vater.«

55 »Jetzt spinnst du ganz. Der Vater tut dir nichts.«

56 »Du übertreibst, das meint er nicht so.«

Es war an einem Samstag, dem 12. Oktober 1947.

Karl und Trude waren mit dem Kuhgespann aufs Feld gefahren und Hedwig war in der Küche beim Spülen. Hedwig hörte Anton durch die Schusterwerkstatt schlurfen. Die Dielen knarrten. Dann das Klacken eines Schlosses. Das Quietschen von Scharnieren. Es fuhr der Schließkolben der Haustür in den Türpfosten, mit einem Scheppern, das Hedwig erschaudern ließ. Die Küchentür flog auf und schon war er hinter ihr, drängte sie an den Spülstein und riss ihr das Kleid hoch. Sein Kinn schob sich über ihre Schulter und fixierte seinen Schädel an ihrem Hals. Wie ein Tobsüchtiger keuchte er seinen Rotz in ihr Ohr.

Hedwig schrie. Mit der Bratpfanne in den Fäusten wand sie sich aus seinem Griff und hieb ihm das Gusseisen auf den Schädel. Hedwig floh aus dem Schusterhaus, rannte wie von Sinnen davon. Durch einen Tränenfilm hindurch sah sie die Wege nur verschwommen. Rannte in den Wald, als wenn der Schuft noch immer hinter ihr her wäre. Erst daheim in ihrem Elternhaus wähnte sie sich in Sicherheit. Ihre Mutter nahm sie in die Arme und Hedwig weinte voller Bitternis.

Karl und Trude fanden den Vater mit blutigem Kopf in der Küche sitzen.

»Do røi brengsd du mir kø Fra me«[57], brüllte Anton und reckte Karl die Faust entgegen.

Karl war nach Bucheck geeilt, doch er stand vor verschlossenen Türen. Das Fenster stand offen.

»Du hosd misch em Schtisch gelosse. Isch well nix me von dir wesse«[58], hörte er Hedwig rufen.

---

57 »Hier herein bringst du mir keine Frau mehr.«

58 »Du hast mich im Stich gelassen. Ich will nichts mehr von dir wissen.«

Stumm stand Karl im Hof. Er hatte Hedwig verloren. Der Kummer fraß ihn auf. Geschlagen ging er zum Dorf hinaus. Und es packte ihn eine unbändige Wut auf den Vater, der ihm alles zerstört hatte. Karl würde ihn am liebsten tot schlagen. Mit einem Prügel seinen schon grindigen Kopf zertrümmern, dass endlich Ruhe wäre. Doch je näher er dem Schusterhaus kam, desto mehr verlor sich der Zorn, zogen Nebelschwaden auf, verdichteten sich, schliffen seine Gedanken, heimtückisch, trübten seine Wut und als er die Haustür aufmachte und ihn der Gestank der Knechtschaft umfing, kroch er wieder unter die Knute des Tyrannen.

Karl ging noch einige Zeit nach Bucheck, wie wenn er Hedwig entgegenlaufen würde, so wie es die erste Zeit war, als sie miteinander gingen. Malte sich Ecken aus, an denen sie auf ihn warten würde. Unverhofft hinter einem Baum hervortreten würde, um ihn mit einem Lachen zu erschrecken. So hatte sie es manchmal gemacht, als sie noch zusammen waren.

Oft ging er sogar bei Nacht den Weg nach Bucheck durch den Wald.

Konnte er ihr Elternhaus sehen, verweilte er eine kurze Zeit, drehte sich um und schlich sich davon.

Juni 1950 – Kunigunde

Schon am Morgen hörte Kunigunde das Geschrei im Schusterhof. Karl brüllte. Seine Stimme überschlug sich. Setzte aus. Er schlug mit einem Aststück auf seinen Vater ein. Plötzlich war Ruhe. Anton floh in den Kuhstall. Karl verschwand in der Scheune.

Seitdem Karl und Anton allein mit sich waren, Hedwig geflohen und Trude zu ihrem Mann gezogen war, hatte Kunigunde schon mal Karl auf seinen Vater einprügeln sehen.

Von ihrem Schlafzimmer aus konnte Kunigunde in den Hof des Schusteranwesens schauen. Ein Haufen Holz lag im Hof. Den hatte Karl gestern mit dem Kuhfuhrwerk aus dem Wald geholt.

Am Nachmittag nahmen die Streitereien ihren Fortgang. Mit Wucht prallten Vater und Sohn aufeinander. Die Gesichter in Fratzen, die Körper verbogen, entlud sich ihr Zorn. Ungebrochen. Seit Wochen droschen sie aufeinander ein.

Wie oft hatte Kunigunde dieses Schauspiel schon von ihrem Schlafzimmerfenster aus gesehen. Wie unter einem Zwang rannte sie jedes Mal die Stiege hoch zu ihrem Beobachtungsplatz, wenn drüben das Geschrei losging. Als hätte sie die beiden mit ihrem Schauen besänftigen können. Kunigunde litt unter der Hilflosigkeit.

Sie sah, wie Anton die dicken Äste auf den Sägebock zog. Er zersägte sie zu spaltbaren Klötzen.

Karl zerhackte mit dem Beil das Geäst und band es zu Bündeln. Diese »Wellen« mussten hoch ins Dachgebälk der Scheune auf ein Podest und wurden dort gestapelt. Kunigunde verlor die beiden aus den Augen, wenn sie mit dem Holz in der Scheune verschwanden, um es Stockwerk für Stockwerk hochzuschaffen.

Der Zank des Vaters mit dem Sohn lärmte, ohne nachzulassen, über Hof und Gasse zu ihr herüber. Sie wusste, wie schwer sich Anton tat, mit seinem steifen Bein die Leiter hochzukommen. Etliche Sprossen aus runden Stecken, vielleicht locker geworden mit der Zeit und bereit, den Fuß des Steigers ins Bodenlose rollen zu lassen, führten kerzengerade hoch hinauf zum Katzenbalken.

Plötzlich hörte Kunigunde einen dumpfen Aufschlag.

Stille.

Irgendwo bellte ein Hund. Und riss ab. Spontan dachte Kunigunde, es wäre ein Bündel Kleinholz vom Podest heruntergefallen. Wobei das Geräusch wuchtiger klang. Eher einem Sack Kartoffeln gleich, der auf dem Lehmboden aufschlug. Sie starrte auf die Bretterwand, die die Scheune verschloss und fror auf einmal. Dann sah sie Karl aus der Scheunentür kommen. Aufgebracht. Er rannte über den Hof, sprang die Treppe hinauf und warf die Haustür hinter sich zu.

Kein Laut war mehr zu hören. Eine Ruhe kam über den Schusterhof, die Kunigunde Angst machte. Mit beiden Händen umfasste sie die Oberarme. Gänsehaut hatte sich gebildet. Ihr war kalt.

Ein Schweigen legte sich über Scheune und Schusterei. Schwer und bleiern. Der Nussbaum stand verloren im Hof. Mysteriöse Stille kroch in jeden Winkel des Hofes, fand jede Ritze. Wie ein Nebel, kalt und feucht. Der Schusterhof war mit einem mannshohen Eisentor verschlossen. Kunigunde verspürte den Drang hinüberzugehen. Das Hoftor aus Stahlblech aufzudrücken, das sperrig und laut ächzte. Ja fast schrie, wenn es bewegt wurde.

Karl lief über den Hof, als er Kunigunde kommen sah.

»Dood esser. Er ess die Ladern røb gefalle.«[59]

Karl schnaufte durch.

Kunigunde schaute ihm ins Gesicht, das grau und faltig war. Karl schwitzte. Die Hosenträger waren feucht. Sein Hemd war schweißnass und hatte dunkle Flecken an der Brust und den Achseln. Kunigunde trat einen Schritt zurück. Ein seltsamer Geruch ging von Karl aus. Ein Gestank umhüllte ihn und hielt sie auf Distanz und ließ den Graben zu ihm nur noch tiefer werden. Kunigunde fürchtete sich vor ihm. Karl war ihr fremd geworden.

Anton lag auf dem Scheunenboden, auf festem Lehm, der gewellt und speckig glatt war. Kunigunde fror. Der Scheunenboden war mit Strohhalmen und Holzsplittern bedeckt, wie um den Toten vor der Kälte nackter Erde zu schützen. Antons Arme und Beine waren weggedreht. Ein Arm ausgekugelt. Der Leib geknickt. Der Kopf lag in einer Blutpfütze. Der Hinterkopf war aufgebrochen.

Bei Antons Beerdigung lief Kunigunde neben Karl und Trude hinter dem Sarg. Was geht in Karl vor, dachte sie. Er wirkte gefasst, ja trotzig. Kunigunde verlor sich in Gedanken.

Was war aus den »Schusters« geworden. Es hätte alles gut werden können, wäre der 1. Weltkrieg nicht über sie gekommen.

Anton war ein ruhiger, stiller Mann gewesen. Er lebte auf, als er Olga heiratete und sie ins Schusterhaus kam. Das war 1907.

Die Familie war komplett, als Olga Trude zur Welt brachte. Später kamen die Zwillinge Max und Seppl dazu. Kunigundes Mutter Erna und Olga waren gleichzeitig schwanger und

---

[59] »Tot ist er. Er ist von der Leiter herunter gefallen.«

ihre Töchter Kunigunde und Trude von Anfang an unzertrennlich.

»Komm isch schmier dir e Scheleebrod«[60], wurde Kunigunde von der Schusterin empfangen.

Als Anton in den Krieg zog wurde alles anders, erinnerte sich Kunigunde. Schon als er zu Saat- und Erntearbeiten von der Front nach Hause kam, herrschte ein rauer Ton in der Nachbarschaft. Ende 1918 kam Anton aus dem Krieg. Kunigunde erkannte ihn nicht wieder. Ein brüllender, gewalttätiger Mann kam da zurück, der sein Bein hinter sich herzog.

Kunigunde sah noch vor sich, wie seine Frau Olga manchen Abend herüberkam, um bei ihrer Mutter Erna Trost zu suchen. Ihr freudiges Wesen hatte Anton ihr ausgetrieben. Seitdem Olga bei Karls Geburt starb, war man Anton am besten ganz aus dem Weg gegangen. Kunigunde war da elf Jahre alt. Sie verglich ihre Familiengeschichte mit der von den Schusters, um die Ereignisse in einen zeitlichen Rahmen einordnen zu können. Karls Amme Berta zog aus dem Armenhaus ins Schusterhaus. Doch in fünf Jahren hatte Anton Berta in die Knie gezwungen. Geschlagen, geschändet, ausgezehrt verstarb Berta an einer Lungenentzündung. Kunigunde hatte sich damals Karl angenommen. Sie sah ihn, wie verwirrt umherrennen. Nach ein paar Wochen hatte Trude ihren Bruder wieder abgeholt.

Bald danach heiratete Kunigunde ihren Benedict.

1939 begann der 2. Weltkrieg.

Die Brüder Max, Seppl und Karl wurden eingezogen. Nur Karl kam zurück.

---

[60] »Komm nur, ich schmiere dir ein Geleebrot.«

Kunigunde freute sich mit Karl, als er Hedwig heiratete. Wie Trude ihr erzählte, floh Hedwig aus dem Haus, als Anton sie vergewaltigen wollte.

Karl hasste seinen Vater. Der Hof lag wie in Scherben. Eine bedrohliche Ruhe braute sich über der Familie zusammen. Kunigunde dachte schon, sie hätten sich irgendwie wieder gefangen.

Als Trude ins Nachbardorf zu ihrem Mann zog und Vater und Sohn allein zurück ließ, eskalierten die Streitigkeiten.

Nach der Beerdigung holte Kunigunde Karl ein. Sie stand ihm am Hoftor des Schusterhofes gegenüber. Karl wich ihrem Blick aus. Hatte er den Vater von der Leiter gestoßen? Zu fragen, wagte Kunigunde nicht. Sie suchte in seinen Augen. Tränen waren da nicht. Eher ein Staunen. Der Tod des Vaters.

Der tägliche Aufruhr war gegen eine Wand gefahren und zum Stillstand gekommen.

Ein Vatermord?

Ein Einfall in Kunigundes Gedanken war das, der zu mächtig war. Sie fuhr sich mit der Hand durch die Haare. Die dreißig Jahre, in denen Anton wütete und Karl bis aufs Blut quälte, schrumpften auf ein kurzes Zeitmaß. Die Wucht der Demütigungen verloren nicht an Härte. Kunigunde könnte verstehen, wenn Karl seinen Vater umgebracht hätte.

Eine Todsünde würde es bleiben.

Wie würde Karl weiterleben können, ohne die Tat vor unserem Herrgott zu sühnen, überlegte Kunigunde. Er hatte doch deshalb seinen Sohn am Kreuz hingegeben. Es braucht vielleicht keine Worte, dachte Kunigunde, wir wissen ja alles voneinander.

»Wenn de misch brauchsd, Kall rüffsde misch, gäll.«[61]

»Jou, däss mach isch«[62], kam aus Karl hervor.

Er drehte sich um, das Eisentor seufzte und fiel mit einem Schlag ins Schloss.

---

61 »Wenn du mich brauchst, Karl, rufst du mich.«

62 »Ja, das mache ich.«

Der Täter

Die Züge in den Kopf geschnitzt
Die Nase dirigiert ein aufgemaltes Lachen
Ein Kaspar
Zugewandt, frohgemut
Die Außenhaut
Dick und dicht
Und unter sieben Hautschichten
Der Jäger
Der Hetzer
Hellwach
Den Buben erwischen
Wo sein Mangel
Sein Zagen
Seine Zartheit zerbrochen
Habhaft werden
Zupacken
Mit zärtlicher Gier
Beschenken
Zermalmen
Die Züge in den Kopf geschnitzt
Die Nase dirigiert ein aufgemaltes Lachen

Zweiter Teil

Pfalzberg, März 1942 – Tamara und Mischa

Tamara und Mischa hatten sich im Aufnahmelager in Pfalzberg kennengelernt.

Das war im März 1942.

»Ty she wed´ toshe is Minska? Ne tak li?«[63]

»Da, da.«[64]

Mischa hatte Wortfetzen in weißrussischer Sprache gehört. Er war der Stimme einer Frau gefolgt, die in ihrem Sprechen die Färbung des Minsker Dialekts trug.

Hunderte Menschen hatten sich in die Baracke gedrängt. Eine aus sägerauen Brettern zusammengenagelte Halle, die schmal und lang war. Sie hatten Klamotten an, denen man ansah, dass sie aus einem Haufen gezerrt, überstürzt angezogen wurden, um gewappnet zu sein, gegen die Blöße, die Schläge, die Kälte.

Die Luft, aufgeladen mit der Niedertracht der Aufseher, stank nach Grausamkeit, die sie an diesen Zusammengepferchten abreagierten. Faschistisch getränkte Dunstschleier zogen linkisch ihre Bahnen und hielten die Menge in Schach.

Die Deutschen hatten sie in Viehwaggons getrieben und über Wochen mit der Bahn aus dem Osten hierher gekarrt.

---

63 »Du kommst doch auch aus Minsk? Stimmt´s?«

64 »Ja, ja.«

Tamara fuhr herum und sah ins Gesicht eines Kahlgeschorenen, der lachte, als hätten sie sich zum Klassentreffen versammelt.

»Ja, ja«, rief sie gegen den Lärm. Und sie zählten die Plätze ihrer Stadt auf: Die Straßen mit ihren Einkaufsläden, die Schulen und Kirchen. Sie malten sich die Zeit aus, bevor die Deutschen gekommen waren, und sehnten sich an den Ort, der ihr Daheim war.

Tamara und Mischa wurden in Minsk, in verschiedenen Stadtteilen geboren und sind dort in die Schule gegangen. Ja, vielleicht waren sie sich sogar in der Oberstadt vor der Heilig-Geist-Kathedrale, vielleicht vor dem Rathaus mal über den Weg gelaufen. Sie kicherten jetzt dabei, als ob sie sich das im Nachhinein wünschen würden.

Tamara erzählte von der Kathedrale, die dem heiligen Geist geweiht war, mit ihren zwei Türmen, die sich bestimmt einmal in einem strahlenden Weiß präsentiert hatten. Die Kirche gehörte zu einem Kloster, bis es die Kommunisten entweiht und zu einem Gefängnis gemacht hatten. Jetzt wurden darin Sportwettkämpfe ausgetragen und man konnte wieder hinein ins Kirchenschiff.

Tamara war oft in der Kirche gewesen und hatte die Ikone der Muttergottes besucht, ein Mosaik, das aussah, als würde es mit dem Licht spielen. Tausende Steinchen, jedes auserkoren, gebrochen genau für diesen einen Platz, mit dem Auftrag, so schien es, die Botschaft der Hoffnung und des Glaubens zu überbringen. Je nach Blickwinkel veränderten sich die Farben und ließen das Gesicht der Madonna lebendig werden. Tamara war begeistert von diesem Bild. Die Mutter des Erlösers erfüllte Tamara und stärkte sie immer wieder neu. Und sie erzählte von der Muttergottes, die zu weinen begann, wenn arme Menschen sie berührten und zu ihr beteten.

Tränen aus Diamanten sollten das gewesen sein, die die Armut der Gläubigen beendete.

Tamara warf dem Fremden mit den Schlappohren ihre Geschichten in sein Lachen hinein. Erzählte von daheim, ihrer Familie, den Freunden.

Mischa sah, wie ihre Augen dabei leuchteten, wie die Schatten drumherum verblassten. Ein zartes Rot färbte ihre Wangen.

Am nächsten Tag wurde Tamara nach Heurich gebracht und auf dem Hof von Lene und Edgar einquartiert.

Mischa arbeitete in einer Papierfabrik in Pfalzberg. Sie verloren sich aus den Augen.

Im Juli 1945 entdeckte Tamara Mischa an der Bushaltestelle in Pfalzberg. Sie hatte ihn fast nicht erkannt, mit seiner Mähne auf dem Kopf, die wohl nicht zu scheiteln war. Seine Nase hatte ihre Dominanz verloren und fügte sich widerwillig in die Konturen des Gesichts ein. Die Mulden in den Wangen waren verschwunden.

Sein Lachen nicht.

Und sie ließen sich nicht mehr los.

Die amerikanische Militärverwaltung richtete in Pfalzberg nach dem Krieg ein Sammellager für verschleppte Zivilpersonen (Displaced Persons) ein, um die Entführten wieder nach Hause zu bringen.

Tamara und Mischa meldeten sich dort und flehten den diensthabenden Amerikaner an, bleiben zu dürfen. Sie erzählten von den Verwüstungen in ihrer Heimat, als 1941 die Deutschen gekommen waren.

Von Massakern an Kommunisten.

Vom Judenghetto im Nordosten der Stadt und den täglichen Maschinengewehrsalven.

Von den strangulierten Menschen, die als Abschreckung überall in der Stadt hingen.

Ihre Verwandten waren alle tot.

»Minsk ist verwüstet. Unsere Heimat gibt es nicht mehr. Lassen sie uns hierbleiben«, bettelten sie.

Tamara und Mischa hatten von sowjetischen Schnellgerichten gehört, von Kommandos, deren Verfolgung und Folterungen sie ausgesetzt sein würden, weil sie in ihrer Heimat als Kollaborateure, als Volksverräter galten. Ja, sie berichteten von Erschießungen und Massenselbstmorden der Heimkehrenden. Sie könnten in Heurich bleiben. Sie gehörten zusammen.

Mischa folgte Tamara im September 1945 nach Heurich.

Sie kamen im Armenhaus des Dorfes unter.

Briefe, die Tamara und ihre Mutter sich geschrieben hatten, waren immer mal durchgekommen. Doch schon vor 1945 kam keine Antwort mehr aus Minsk.

Mischa hatte nach seiner Entführung nie mehr von seiner Familie gehört.

Sie riefen sich »Mischutka« und »Tamaroschka« oder sie hauchten sich Kosenamen ins Ohr. Nach kurzer Zeit heirateten sie. Die Töchter Elisabeth und Marlene wurden geboren. Und sie igelten sich ein in ihrer kleinen geschlossenen Welt, um gerüstet zu sein, gegen die Feindseligkeiten des Dorfes, die jahrelang anhielten, die verhinderten, dass sie sich zugehörig fühlen konnten. Mischa und Tamara wurden gemieden im Dorf, weil ihnen immer noch der Makel des Untermenschen anhaftete. Dafür waren die Väter und deren Söhne aus Heurich in den Krieg gezogen, um die Bolschewisten zu vernichten. Mischa musste sich beherrschen, wenn er Ferdinand über den Weg lief, der, wenn er stockbesoffen von der Kneipe auf dem Heimweg war, ihn als Russensau beschimpfte.

Dann kam ihm wieder vor Augen, wie die Deutschen in Minsk eingefallen waren, Häuser und Straßen kurz und klein gebombt, Tausende in den Verliesen gefoltert, umbracht hatten, um sein Volk auszurotten. Gerade Säuglinge und Kinder hatten als zu vernichtende Brut gegolten.

Und jetzt die Demütigungen aushalten!

Mischa fuhr jeden Tag mit dem Fahrrad nach Pfalzberg in die Papierfabrik. Tamara hütete ihre Bleibe im Armenhaus, war mit den Kindern und half bei Lene und Edgar auf dem Feld, um ein paar Mark zum Haushalt beizutragen. Manchmal gab ihr die Bäuerin Obst und Gemüse, manchmal auch ein Stück Schinken mit nach Hause.

Tamara und Mischa versuchten, sich am Dorfgeschehen zu beteiligen. Sie gingen sonntags in die Kirche, ließen ihre Töchter taufen und mit neun Jahren zur Kommunion gehen, obwohl es bei ihnen in der Orthodoxen Ostkirche anders war. Dort steckte der Pfarrer als Symbol der Ersten Kommunion, seinen in Wein getauchten Daumen dem Säugling bei der Taufe in den Mund.

Sie grüßten zuverlässig und ließen sich auf ein Gespräch ein, wenn einer Begegnung nicht auszuweichen war. Tamara und Mischa versuchten die besseren Deutschen sein. Aus Angst vor den Deutschen.

Februar 1945 – Rita

Russen, Amerikaner, Engländer, Franzosen drängten ins Land, brachen den letzten Widerstand der Nationalsozialisten und befreiten aus den Konzentrationslagern Juden, Roma und Sinti, Kommunisten, Sozialdemokraten und Bürger, die sich den Faschisten nicht unterworfen hatten.

Zu Skeletten abgemagerte Kreaturen kamen ihnen entgegen.

Menschen ihrer Würde beraubt.

Augen, die aus tiefen Höhlen starrten.

Mit Planierraupen schoben sie die Leichenberge in die dafür ausgehobenen Gruben.

Übergossen sie mit Treibstoff und verbrannten sie.

Rauchschwaden der Schande zogen über Deutschland.

Hügelgräber reihten sich im Feld.

Zeugen des Schreckens. Liegengelassen.

Draußen im Nirgendwo.

Die Erinnerung wachzuhalten.

Ein Versuch, den die Menschen ignorierten.

Wolkenheere, wie auf Treibjagd, pirschten heran.

Warfen ihre Wassermassen auf die Gräber.

Um die Erde zu verdichten.

Um den Ballast der Schächer, auf die Massakrierten draufzupacken.

Die Hügel einzuebnen. Die Wetter halfen, die Gräuel in den Köpfen der Menschen auszulöschen.

Die russische Armee stand vor Königsberg.

Rita und ihre Mutter bepackten einen Wagen und bespannten ihn mit Lotte der Stute. Rita hatte ihren kleinen Bruder Hannes auf dem Schoss und sie zogen gegen Westen.

Vom Vater war vor zwei Jahren Feldpost gekommen, da befand sich seine Einheit vor Leningrad. Seitdem hatten sie nichts mehr von ihm gehört.

In der zweiten Januarhälfte 1945 hatte der Winter das Land fest im Griff. Schneestürme und Kälteeinbrüche bis zu fünfundzwanzig Grad minus traktierten die Menschen auf der Flucht. Kinder, Frauen, alte Männer, waren gefangen in einem nicht endenden Strom, der steckengeblieben, sich wie ein schwarzer Strang dreißig, vierzig Kilometer durch das weite, weiße Land schlängelte. Mensch und Tier schleppten sich in Schlamm und Schnee durch eine Gasse von Erfrorenen, Erschossenen, Verhungerten; durch ein Spalier von zu Schrott gesprengten Panzern, Lastern, Lafetten und Wägen.

Die Russen hatten den Landweg abgeschnitten. Die Frische Haff war zugefroren. Rita, ihre Mutter und Hannes mussten über die Eisfläche, um auf die Nehrung zu kommen. Dann weiter nach Danzig. Wasser stand auf dem Eis. Russische Tiefflieger fielen wie Hornissenschwärme über die Flüchtlinge her. Hinterher die Bomber. Rita hatte noch nie Pferde in ihrem Todeskampf schreien gehört.

Die Eisdecke brach. Rita sah, wie ihr Pferd im kalten Wasser versank und sie mit samt dem Wagen hinterher kippten. Sie weiß nur noch, dass sie Hannes fest umklammerte. Danach war ihre Erinnerung ausgelöscht. Später erfuhr sie: Jemand hatte sie gepackt und auf einen Wagen gelegt. Decken wurden über sie geworfen.

Das Verschwinden der Mutter und ihres Bruders Hannes würde sie nicht verwinden können.

Auf dem Bauernhof von Ferdinand und Jule endete Ritas Odyssee nicht. Gemeinsam mit fünf Frauen hatte man sie nach Heurich gebracht und auf verschiedene Bauernhöfe verteilt. Die Eingeborenen waren den Flüchtlingen feindselig gesonnen. Es war für Rita ein Spießrutenlaufen, wenn sie in den Krämerladen ging, um Öl und Essig zu kaufen. Die Frauen im Laden drehten sich zu ihr hin, verstummten. Erstarrt die Gesichter. Rita wurde vorgelassen.

»Pollak, Polensau«, riefen ihr nicht nur die Kinder hinterher.

Da war Rita gerade neunzehn Jahre alt.

August 1945 – Jakob

Jakob war Tage unterwegs gewesen. Der Zug fuhr ihn durch ein aufgebrochenes, verwüstetes Land. Hielt an. Stand stundenlang und fuhr weiter Richtung Westen durch Städte und Dörfer.

Im Zug, Abteile voller Menschen. Hineingepfercht. Kinder im Gepäcknetz oder auf dem Schoß ihrer Mütter. Das Klagen, das Stöhnen der Verwundeten. Manche stierten vor sich hin, als ob das Erlebte auf dem Boden eingebrannt wäre. Bilder in grellen, groben Farben gespachtelt, sprangen ihnen ins Gesicht. Oder es liefen Filme vor ihrem inneren Auge. Gnadenlose, bewegte Bilder von dem Gräuel des Krieges waren nicht anzuhalten.

Einige krümmten sich in ihrem Leid. Wimmerten.

Heimkehren würden sie alle nicht.

Das Gewohnte gab es nicht mehr. Dieser Krieg hatte die Moral an den Pranger gestellt und zerstört. Väter und Söhne, im christlichen Glauben gefestigt, in ihren Familien aufgehoben, waren in fremde Länder gezogen und kehrten als Massenmörder in ihre Dörfer zurück.

Eine Decke des Schweigens hatte sich über das Land gelegt. Das erlebte Grauen wurde hinuntergewürgt und auf das stumme Innere gepackt, versenkt in ein Verlies, in dem schon so manche Schmach verborgen lag.

In Pfalzberg auf dem Bahnsteig drängten sich die Frauen um die Ausgänge der Waggons. Sie riefen nach ihren Männern, hielten Schilder hoch, auf denen deren Name gepinselt war. Aus dem Zug kamen Geschöpfe, die sich festhalten mussten. Manche schafften die paar Stufen nicht und wurden von Händen gepackt und auf den Bahnsteig gehoben.

Jakob kam eine Frau entgegengelaufen, mit einem Mädchen und einem Buben an den Händen.

Er befand sich schlagartig auf einem Acker bei Minsk und sah sich in einer Reihe von Soldaten. Alle hatten Kinder an den Händen und liefen über das Feld in einen Wald hinein. Die Mädchen und Buben mussten sich ausziehen und ihre Kleider ordentlich zusammenlegen. Sie wurden in eine Grube gestoßen. Die Soldaten erschossen sie.

Sein Kumpel nahm sich Kleidchen und Pullover vom Kleiderhaufen und schickte sie seinen Kindern an Weihnachten nach Hause.

Als Jakob wieder zu sich kam, war die Frau nicht mehr zu sehen.

Der Pfalzberger Bahnhof war gefallen. Reste von Wänden, nackt, ohne Putz. Eckpfeiler standen verloren wie Mahnmale. Wo die Bahnhofshalle gestanden hatte, waren Holz, Eisen, Schotter mit aller Gewalt ineinander gezwängt. Stahlseile hingen locker wie Wäscheleinen zwischen verdrehten Strommasten. Wirr vermischt in ein irrsinniges Gemenge versanken die Trümmer in Löcher oder türmten sich auf, wie Brecher im Sturm einer aufgewühlten See.

Geradeso zwischendurch war ein Gleis verlegt, das einen Weg zeigte, dieses Niedergeworfene hinter sich zu lassen, zu ignorieren, zu umfahren, sich zwischendurch zu schlängeln. Die Lokomotive stand geruhsam, zischte vor sich hin und ließ Dampf ab.

Pfalzberg lag am Boden. Das Wahrzeichen der Stadt, die Burg war zerstört. Der Bergfried von Bombeneinschlägen niedergestreckt. Die Festung ein aufgeschütteter Haufen Dreck. Jakob suchte sich einen Weg durch die Trümmer, um auf die Straße zu kommen, die nach Heurich führte. Er würde länger als drei Stunden brauchen. Jakob tat sich schwer an den

Hängen des Spessarts. Der Arm schmerzte. Ein Schuss hatte Jakob unterm Schulterblatt getroffen und war aus der Schulter wieder herausgefahren. Er hatte seinen Arm lahmgelegt. Bei der Operation war eine Kuhle neben dem Schlüsselbein geblieben. Er hatte ihn notdürftig in ein Tuch gelegt. Die Wunde an der Schulter gab keine Ruhe. Womöglich war sie entzündet. Eiterte. Er wusste gar nicht mehr, wann er das letzte Mal zu Hause gewesen war. Waren es ein, zwei Jahre? Sie hatten Kartoffeln und Runkelrüben aus der Erde geholt. Einmal war er bei der Getreideernte daheim. Die Wägen waren bis oben hin vollgeladen und sie kamen gerade so in die Scheune hinein. Am liebsten wäre er daheimgeblieben, erinnerte er sich. Durch die Gräuel an der Front war ihm die Begeisterung an dem Krieg ausgetrieben worden.

Wird sein Bruder Eduard schon daheim sein? Wer wird von den Heurichern nach Hause kommen?

Edgar kam ihm mit dem Kuhfuhrwerk entgegen, als er die ersten Häuser passierte.

»No Jakob, besde wärrä do.«[65]

»Ja Edga, isch bee devo komme.«[66]

Elfriede erkannte ihren Sohn am Gang. Jakob kam müde daher. Den linken Arm hielt er fest. Den Körper mühsam aufgerichtet, schlurfte er in den Hof.

»Komm reu«[67], sagte sie zu der ausgemergelten Gestalt. Der Vater saß in der Küche neben dem Herd und wippte mit dem Kopf. Vom Kinn tropften Tränen. Die Mutter lehnte am Herd. Jakob stand im Türrahmen.

---

65 »Na Jakob, bist du wieder da.«

66 »Ja Edgar, ich bin davon gekommen.«

67 »Komm herein!«

»Gäll, de Edwad kömmd nemä?«[68], fragte Jakob.
»No, der kömmd nemä.«[69]
Elfriede schlug die Hände vors Gesicht.

[68] »Gell, der Eduard kommt nicht mehr heim?«
[69] »Nein, der kommt nicht mehr heim.«

Das Plumpsklo hatte einen zentralen Platz im Gebäudekomplex von Scheune, Stall und Wohnhaus.

Neben dem Eingang, vor der Klotür, stand eine Pumpe, dessen Saugrohr sich tief hinunter in die Jauchegrube senkte, um dann mannshoch mit Schwengel und Ausgussarm versehen, wie ein Wachposten die Stellung zu halten. Etwas schief stand sie da und erinnerte an eine Vogelscheuche. Der Pumpenschwengel hing locker an seinem Gelenk und die Ausgussrinne bewegte sich leicht, als wollte sie winken. Braune Brühe tropfte auf den Boden.

Der Abtritt: Ein Gewölbe, wie ein Segment aus der Kuppel des Pfalzberger Dom herausgeschnitten, und ins Eck des Kuhstalles, direkt über das »Puhlloch«[70] gestellt. Die Rundung der Decke majestätisch aufstrebend, ausgeformt, legte sich gemütlich auf eine präzise im Bogen angelegte Backsteinmauer. Der Putz hatte Risse, blätterte ab und könnte, wenn er wollte, viel erzählen. Über Freude, aber auch über Geschichten von Schmerz und Erfolglosigkeit, die in diesen heiligen Hallen ausgestanden werden mussten. Gut, die Säulen und Streben hatte man in der Kirche gelassen. Was solls.

Auf die ganze Breite der Behausung war ein Thron gezimmert, mit einem Loch in der Mitte, an dem im hinteren Halbrund ein brauner Grind gebacken war. Manchmal hatte das »Abtrittsloch« sogar einen Deckel. Hier saß man mitten im Leben. Die Kieferbretter der Tür waren, glücklicherweise, geschwunden. So konnte man mit einem Auge durch die Ritzen hindurch linsen.

---

[70] Jauchegrube

Ging jemand die Gasse hinunter, tauchte er in einem Spalt auf. Der Kopf musste ein bisschen hin und her geschwenkt werden, um zu wissen, wer da draußen voranschritt. Überschnitten sich die innere und äußere Spaltenkante, verschwand der Mensch. Schnell eine Ritze weitergeruckt, war er für einen Augenblick wieder da. Dann, die Tür gegen den eingehängten Eisenhaken gedrückt, gab den Blick ein letztes Mal frei auf die sich entfernende Person.

Arthur warf auch mal die Tür auf bei einer Sitzung und brüllte seine Befehle Jakob und Rita hinterher.

Die Kinder mussten aufpassen, dass sie nicht durch das Loch im Holzsitz rutschten und im schwarzen, stickigen Dunkel dieses Höllenpfuhls elendig ersoffen.

Zeitungspapier wurde von Frauen und Kinder in handliche Fetzen zurecht gerupft und auf einen rostigen Nagel in Greifabstand aufgepickst.

Musste sich beim »Geschäft« aus irgendwelchen dramatischen Gründen Zeit gelassen werden, hatten die Alten was zu lesen. Bruchstücke halt, vom Lokal- oder Sportteil. Der Bericht, die Geschichte wurde fertig fantasiert.

Das Anwesen von Arthur und Elfriede hatte sich zwischen die angrenzenden Höfe geschoben. Haus, Stall und Scheune standen auf des Nachbarns Grenze. Die Gebäude waren aus Sandstein gebaut. Die Fundamente aus Gneis. Eisensteine nannte man sie, die im hauseigenen Steinbruch gebrochen wurden, der vor dem Dorf lag. Der Hof lag offen zur Straße hin. Der Mist dominierte den Hof. Er war ausgetreten an den Rändern von den Kühen, die zum Brunnen strebten, der seine liebe Not mit der Jauche hatte. Aufgewühlt wurde der Haufen von den Hühnern auf der Suche nach etwas Fressbarem. Durchschritten von den Menschen, die auf dem Weg zum Hauseingang beim besten Willen nicht ausweichen konnten und den Dreck an den Schuhsohlen bis in die Küche auf das Stragula[71] schmierten.

Und kam eine Fuhre Holz auf den Hof, planierte das Kuhgespann die Ränder des Misthaufens zusätzlich.

Während die Gebäude der Nachbarhöfe an ihren Ecken mit gehauenen Sandsteinen gemauert waren und sich zum Feld hin großzügig angelegte Gärten anschlossen, war der Hof von Arthur und Elfriede eher ein kleines Anwesen. Im Grundbuch war eine Fläche von vierhundert Quadratmetern eingetragen. Elfriede baute ihr Gemüse außerhalb des Dorfes an. Dort brauchte der Garten einen stabilen Zaun, um Wildsauen und Rehen klare Grenzen aufzuzeigen. Mit der Schubkarre war sie in ein paar Minuten bei ihren Beeten. Hier war sie am liebsten. Da fand sie ein Stück Ruhe, wenn sie beim Umgraben, Harken und Säen ihren Gedanken nachhängen konnte. Ihre Wäsche trocknete Elfriede im Grasgarten von Nachbarin Jule. Ferdinand hatte einem Durchbruch auf seiner Grenze in der Rückwand der Scheune, nur zugestimmt, weil Jule ihm wochenlang damit auf die Nerven gegangen war.

Hier hielten die beiden Nachbarinnen manchen Plausch und es überquerten Salat, Obst und Marmeladen, die mit Argwohn beobachtete Grenze.

Beide ignorierten die Feindseligkeiten ihrer Männer, deren Wurzeln Generationen zurücklag, sodass Arthur und Ferdinand gar nicht mehr wussten, warum sie sich aus dem Weg gingen.

---

[71] Damals moderner Bodenbelag, eine Linoleum-Imitation. Sie besteht aus imprägnierter Bitumenpappe.

September 1945 – Jakob und Rita

Jakob rannte mit der Schubkarre aus dem Stall und zielte auf die Bohle, die lidschäftig an den Hängen des Misthaufens aufgelegt war. Aus den Ritzen der Karre tropfte eine braune Brühe und zog eine Spur auf dem Pfad, der den Hügel hinauf führte. Jakob beherrschte sein Geschäft, fasste Tritt auf dem rutschigen Brett. Er war drauf und dran oben auf dem Gipfel anzukommen, die Karre hochzureißen, mit den Händen umzugreifen, um vom Schiebe- in den Kippgriff zu kommen. Den rechten Fuß schob er dann quer unter das Rad, um den Dreh- und Angelpunkt zu fixieren.

Sein Kopf ragte gerade über dem Haufen, da sah er eine Frau auf der Gasse, die in Eile war. Die Schubkarre verschwand Jakob aus dem Hirn, das Standbein glitschte weg, er ruderte mit den Armen und fiel mit samt seiner Fuhre in den mit Stroh und Kuhfladen durchwalkten Misthaufen. »Himmelherrgottsternsakrementnochemol«, brüllte der Gestrauchelte und versuchte in den Vierfüßlerstand zu kommen, einem Hund gleich, der auf dem Misthaufen gerade sein Geschäft verrichten wollte. Jakob war verschmiert mit der grünen Pampe des Untergrundes und wäre am liebsten in diesem Sumpf versunken.

Rita bog sich vor Lachen.

»Einen schönen Tag noch«, rief sie dem Hanswurst auf dem Misthaufen zu und verließ den Ort des jakobschen Jammers. Wenn sie sich über den Weg liefen, grinste Rita. Jakob stand dann mit geöffnetem Mund vor ihr, aber die Worte, die er sich zurechtgelegt hatte, um seiner Blamage etwas Witziges zu geben, fielen ihm nicht mehr ein. Sein Misthaufendilemma verfolgte Jakob geradezu. Ging Rita die Gasse hinunter warf ihr Jakob Blicke hinterher. Sie hatte einen leichten, beschwingten

Gang. Der Stoff ihres Kleides verrutschte bei jedem Schritt über Gesäß und Hüften und gaben ihr etwas Geschmeidiges und Anmutiges. Jakob tat einen tiefen Schnaufer, um seinen Gedanken, die in der Hose tobten, krampflösend entgegenzuwirken.

Unter der Woche, wenn er sie im Garten arbeiten sah, rief er nach ihr.

»Gugsde noch de Gelwerüwe?«[72], rief Jakob in den Nachbarsgarten und traute sich zu ihr hin.

Endlich standen sie beide am Durchgang hinten an der Scheune beieinander, abends, wenn die Arbeit geschafft war und die Nacht über das Dorf kam.

»Di mescht sisch do brad, un düd sisch bä oss duisch frässe. Höd di ned bleiwe könne, wo se herkömmd. Gug dässe nue oh, wisse do röm lääft.«[73]

Jakob ärgerte sich, wenn seine Mutter über Rita herzog. Rita und den anderen Flüchtlingen schlug im Dorf der blanke Hass entgegen.

In den Kirchenbänken wurde zur Seite gerückt, als ob sie die Seuche hätten, oder es wurde schon gleich kein Platz gemacht. Im Krämerladen waren die Münder der Frauen wie vernagelt, wenn eine Fremde den Raum betrat. Ihre Blicke schossen Pfeile. Die Arme vor der Brust verschränkt verbreiteten sie Kälte und Feindseligkeit.

Die Männer, die sich am Sonntag nach der Messe auf dem Kirchplatz zusammenrotteten oder vor der Kneipe standen, kübelten den Frauen ihren Schwachsinn hinterher.

---

72 »Schaust du nach den Karotten?«

73 »Die macht sich hier breit und tut sich bei uns durchfressen. Hätte sie nicht bleiben können, wo sie herkommt. Schau sie dir nur an, wie sie herumläuft.«

Auf der Flucht waren Ritas Mutter und ihr Bruder umgekommen. Rita hatte ihre Familie verloren. Ihr Vater galt als vermisst.

Rita und Jakob fanden sich in ihrem Schmerz. Im Unfassbaren des Erlebten. Sie saßen zusammen auf einer Bank und hielten sich an den Händen. Fühlten sich miteinander verbunden. Dann legte Rita ihren Kopf an Jakobs Schulter und er drückte sie an sich. Ein Klammern war das, als ob er sie nicht mehr loslassen wollte.

»Wer die Gräuel im Osten nicht miterlebt hat, weiß nicht, was die Menschen dort durchstehen mussten«, sagte Rita einmal und sah Jakobs Mutter Elfriede vor sich.

Über die Einsätze, die Jakob mit seiner Kompanie bei Minsk durchgeführt hatte, schwieg er:

Die Exekutionen der Partisanen.

Das Niederbrennen von Dörfern.

Die Massaker an Bewohnern, die hauptsächlich Kinder, Frauen und Alte waren.

Es war ihm alles noch so gegenwärtig, als wäre es gestern gewesen. Jakob bekam die Bilder nicht aus sich heraus. Mit Macht besetzten sie jede Faser seines Inneren und trotzten jedem Gedanken, der die Gräuel in eine Decke wickeln wollte. Die Filme liefen ab, von Anfang an bis zum Ende. Gnadenlos.

Kein Detail vergessend zwangen sie Jakob zurück an die Orte der Schande. Bilder schlugen wie Blitze in seine Gedanken ein und drohten den Kopf zu sprengen.

Sie hatten Mädchen, die vielleicht vierzehn, fünfzehn Jahre alt waren, in eine Baracke gezerrt, ihnen die Kleider vom Leib gerissen, sie mit ihrem Geifer besudelt, ihre Schwänze wie Dolche in sie hineingestoßen. Sie sauten sie ein mit ihrem Rotz und strangulierten die Geschändeten.

Jakob war in einen Rausch gekommen. Wie besessen war er über die Mädchen hinweg gegangen. Drehte ihnen die Arme auf den Rücken. Hielt sie fest für die hemmungslosen Kameraden. Aufgewühlt von seiner Geilheit hörte er die Schreie der Malträtierten wie aus der Ferne. Das Entsetzen in ihren Augen stachelte ihn an.

Erst als die Mädchen am Balken hingen, kam er wieder zu sich. Sie steckten ihre blutverschmierten Schwänze in die Hosen und machten sich davon.

Wie böse Träume rumorten diese Verbrechen in Jakob.

Und jetzt saß er neben Rita auf dem Bett, starrte an die Wand und wusste, dass das alles nicht rückgängig zu machen war. Dass diese Schmach bleiben würde, bis zu seinem Tod.

Wem würde er das erzählen können?

Seiner Familie?

Seinen Freunden?

Rita würde ihn verabscheuen. Ihn als Monster sehen. Auch er selbst konnte diese Brutalität nicht begreifen. Sie quälte ihn. Was war da nur in ihn gefahren. Dem Schweigen konnte er nicht entkommen. Seine Scham war eingekerkert in sein Inneres. Es gab keine Tore, die die Festung durchbrachen. Manchmal ließ sich das Weggesperrte überlisten und ins Vergessen verbannen. Doch wie jetzt neben Rita, hatte ihn die Erinnerung fest im Griff. Nicht mal bei Kameradentreffen redeten sie über diese Verbrechen.

»Was hast denn du«, fragte ihn Rita.

»Nix«, antwortete Jakob.

Elfriede – März 1946

Elfriede konnte nicht verhindern, dass Jakob und Rita zusammen waren. Sie hatte für ihren Sohn Jakob Isolde vom Nachbarhof auserkoren.

Isoldes Vater Ferdinand war einer von zwei Pferdebauern im Dorf mit zehn Milchkühen im Stall. Den Besitzstand bezeugte der Misthaufen, der, in einer stabilen Genauigkeit ins Rechteck gesetzt, auf dem mit Basaltsteinen gepflasterten Hof dominierte.

Anders als auf ihrem Hof.

Da lag der Haufen zerfleddert vor der Haustür, weil es Arthur und Jakob fremd war, aus formbarer Masse einen Block zu bauen, wie ein Würfel vielleicht, der sich an seinen Grenzen ganz klar vom Eingang des Hauses fernhielt und den Brunnen in Ruhe ließ. Auf dem Nachbarhof wurde das Produkt aus dem Kuhstall nach einer absolut genauen Reihenfolge geschichtet. Elfriede konnte ihn von ihrer Küche aus sehen und sie staunte immer wieder neu, wie der Ferdinand seinen Misthaufen setzte. Zuerst häufte Ferdinand die Südwestecke an. Mit Anlauf erreichte er sie mit der Schubkarre über eine schiefe Bahn aus Bohlen.

Vier oder fünf Fuhren kippte er ab.

Dann war die Ostwestseite dran.

Nun die Flanke dazwischen und so weiter. Die Füße in Gummistiefeln stampften, um die Masse gefügig zu machen. Sie zu verdichten. Die Ecken fielen kantig nach unten. Hier entstand ein Bollwerk, ohne Senkel und Wasser.

Bei Ferdinand wusste jeder im Dorf: Da herrschte Ordnung auf dem Hof. Ob Frau, ob Kind, ob Knecht, alle hatten seinem Diktat zu folgten. So wie er es in den Dreißiger-, Vierzigerjahren von den Leuten im Dorf forderte. Damals in der Uniform der Faschisten.

Na ja, das waren andere Zeiten, dachte Elfriede.

Dem Anwesen mit Haus, Scheune, Stallungen und Schuppen schloss sich ein Garten an, der den Jahresbedarf an Obst und Gemüse abwarf und einen Sonnenplatz zum Trocknen und Bleichen der Wäsche parat hatte. Zwanzig Hektar Felder und Wiesen nannte Ferdinand sein Eigen. Nicht zu vergessen das Stück Wald, das sich vom Fuße des Wolfsbuckels, wie ein Keil in den Forst trieb.

Im Winter rückte Ferdinand Holz mit seinen Pferden im Wald und fuhr die Stämme an den Bahnhof.

Radolfsweiler, wo sie auf Güterwagen verladen wurden.

Vor dem Krieg hatte es ein Techtelmechtel zwischen Isolde und Jakob gegeben. Sie liefen sich beim Kirchgang über den Weg. Die unverhoffte Nähe der beiden forderte Worte und Sätze, die nicht eingeübt waren. Umso mehr überraschte die Leichtigkeit ihres Erzählens. Sie hatten sich frech geneckt und sich manche Peinlichkeit anvertraut. An den Gesten der beiden und Isoldes Gekicher erkannte Elfriede, dass sich da etwas anbahnte.

Und sie sah schon ihren Sohn auf einem Pferdegespann sitzen, mit gewichsten Zugriemen in den Händen, das Kummet an den Hälsen der Kaltblüter blank gebürstet, und Fuhren von Holz und Heu durchs Dorf ziehen. Als Jakob nach dem Krieg mit Rita zusammen war, ging er Isolde aus dem Weg.

Und dann stand tatsächlich Rita, die Heimatlose, im Hof.

Für Elfriede ein Schock. Die Flüchtlinge widerten sie an. Sie kamen mit nichts ins Dorf geschneit, machten sich hier breit und fraßen sich bei den Bauern durch.

Jakob fühlte sich eingezwängt zwischen Rita und seiner Mutter Elfriede. War innerlich zerrissen.

Seine Mutter war Orientierung für ihn, sie weckte ihn jeden Morgen, machte ihm Frühstück, klopfte ihm den Staub von der Schulter, wenn er aus dem Haus ging. Erinnerte ihn zum sonntäglichen Kirchgang. Strickte für ihn Strümpfe und Pullover. Und sie trieb einen Keil zwischen Jakob und seine Freunde, wenn sie an ihnen etwas auszusetzen hatte. Jakob war ihr Kind geblieben bis zum heutigen Tag, ihr Besitz, eine ewige Schwangerschaft. Sie sah ihre Familie als ihren Uterus, in dem sich alle ihrem Regiment unterzuordnen hatten.

Sein Vater Arthur warf der Mutter vor, ihren Sohn zu verwöhnen und so aus ihm einen Waschlappen zu machen. Um ihn zu einem Kerl zu formen, prügelte er Jakob mit schwieligen Pranken.

Für sich hatte Arthur kleine Fluchten organisiert. So sah es Jakob. Am Sonntag traf er sich mit seinen Schafkopfbrüdern in der Wirtschaft. Oder Elfriedes Dominanz drängte ihn in den Keller. Dort neben den Apfelweinfässern fanden sie ihn manchmal auf einem Schemel sitzend. Den Schädel am Fass, schnarchend und völlig zu gesoffen. Und jetzt nach dem Krieg?

Rita war in Jakobs Leben getreten und hatte seiner Mutter einen anderen Platz zugewiesen. Einen, der mehr zum Vergangenen gehörte. Ein Verrat. Abschütteln konnte er sie aber nicht. Die Mutter belastete sein Gewissen und er fühlte sich ihr gegenüber schuldig.

Jakob war hin und her gerissen. Er war wütend auf seine Mutter, die ihre Abscheu vor Rita nicht verstecken konnte. Manchmal wagte er einen Streit.

Und als Rita zu Hannes unters Dach gezogen war, im März 1946, war Elfriede klar geworden, dass sie ihren Sohn verloren hatte. Sie konnte ihre Abscheu auf Rita nicht bändigen.

Rita hielt Abstand zu ihrer Schwiegermutter und vermied eine direkte Anrede. »Ihr schwimmt ja in eurem Dreck. Guckt euch nur die Küche an, alles ist eingesaut und stinkt nach Kuhstall. Fort rennen möcht ich, fort rennen!«

Elfriede stand dann mit durchgedrückten Rücken in der Küche. Wie eine Heilige sah sie aus. Unnahbar und kalt. Wie aus Stein gemeißelt. Die Lippen pressten sich zu einem Strich, der sich gefährlich nach unten bog. Ihre Gesichtshaut straffte sich. Elfriede starrte auf Rita. Sie verachtete sie und würde sie mit tagelangem Schweigen strafen. Mit ihrem Schweigen hatte sie schon alle im Haus gefügig gemacht.

Rita würde sie auch kleinkriegen.

März 1947 – Unter einem Dach

Jakob und Rita hatten Elfriede und Arthur in der Küche gegenübergestanden.

»Mä müsse haijän.«[74] Jakob hatte gehustet, als wollte er das Gesagte widerrufen. Elfriede musste sich setzen. Sie hob ihr Haupt.

»Däss gits net.«[75]

Arthur hatte sich auf den Tisch gestützt. Sein Körper hing schwer in den Armen. Die Finger krümmten sich. Die Fingernägel krallten in die bleichgeschrubbten Fasern der Tischplatte. Sein Kopf war nach vorne gefallen.

»Du brengsd oss ess Oglück in die Hoffäd, brengste oss.«[76]

Nach der Heirat zog Rita in Jakobs Elternhaus.

Für die Stube unterm Dach hatte Jakob beim Schreiner Benedikt ein Doppelbett, ein Gitterbettchen und einen Schrank bestellt. Rita hatte sich für eine Kommode mit einem Spiegel entschieden, der dreiteilig war mit zwei Flügeln zum Aufklappen. Rita und Jakob teilten sich mit Elfriede und Arthur die Küche. Der Herd stand neben dem Eingang. Darüber abgeknickt, fuhr das Ofenrohr in den Kamin. Zum Fenster hin, der Tisch, dahinter die Eckbank. An der Wand der Küchenschrank. Die Küche war Elfriedes Revier. Ihr Machtzentrum. Der Platz am Herd war für sie wie ein Befehlstand. Von hier aus gab sie ihre Aufträge. Rita arbeitete ihr zu. Für Elfriede eine Fremde, eine Magd, die ihren Anweisungen zu folgen hatte. Gemeinsam saß die Familie beim Essen. Nur Jakob warf

---

[74] »Wir müssen heiraten.«

[75] »Das gibt es nicht.«

[76] »Du bringst uns das Unglück auf den Hof.«

manchmal ein paar Wörter oder Satzfetzen in das Schweigen. Auch bei der Arbeit im Stall und im Garten konnten sich die Kontrahenten schlecht aus dem Weg gehen. Gemeinsam zog Rita mit den Schwiegereltern aufs Feld. Jeden Morgen ging sie die Stiege hinunter. Jede Stufe knarzte und kündigte die launische Unversöhnlichkeit der Alten an. Jakob fuhr mit dem Fahrrad Pfalzberg. Er arbeitete als Handlanger (Hilfsarbeiter) bei einer Baufirma.

Auf dem Hochzeitsfoto, das im Schlafzimmer auf der Kommode stand, nahm Rita die Mitte des Bildes in Beschlag. In weiße Spitze war sie gekleidet, wie die Brautmädchen, die kerzengerade und dicht gedrängt sich an sie lehnten. Zurechtgerückt wirkten sie und überredet, alles Kindliche zu verbergen. Jakob am rechten Rand der Fotografie neigte sich leicht zu seiner Frau hin. Etwas verloren stand er da.

Rita und Jakob lächelten. Ein Lächeln, in dem kein Zweifel steckte: Zu ihrer Liebe. Ihrem Glück.

Nichts verriet von der Abscheu und Feindschaft, die Rita im Elternhaus ihres Mannes widerfuhr.

Die Schwangerschaft riss bei Rita Schutzzäune ein, die sie in ihrem Inneren gezogen hatte, um nicht von den Bildern ihrer Flucht zerfressen zu werden. Nun prallten die Ereignisse wieder auf sie ein, erfassten sie mit einer Wucht, als ob eine Flut über sie hinwegging, sie mitriss hinein ins Geschehen des Januars 1945. Maschinengewehre knatterten. Sie schleppten sich durch ein Spalier von Leichen und kaputten Wägen.

Eingebrannt in ihren Kopf aber war, dass ihre Familie mitsamt Pferd und Gespann auf dem zugefrorenen Haff einbrach und unter dem Eis verschwand. Wie sie selbst davon kam, wusste sie nicht.

Vom Ausbleiben ihrer Tage an bis zur Geburt war es Rita schlecht gegangen. Das Kind in ihr löste einen ständigen

Brechreiz aus, wenn es sich drehte und wendete und es gegen die Bauchwand trat, die seinen Bewegungsdrang einengte. Der Schwindel befiel sie und ließ die Konturen von Herd und Schrank verschwimmen. Die Anfälle kamen und gingen nach Lust und Laune und sie erbrach oft das Wenige, das sie noch essen konnte. Trotz allem stand Rita jeden Montag im Dunst der Waschküche, hatte Bettbezüge, Hosen und Hemden gekocht, gestampft und ausgewrungen.

Jakob hatte Mitleid mit ihr, trug den Korb Wäsche mit dem Klammersack um den Hals in den Garten der Nachbarin Jule und hängte sie an die Leine. Worte des Trostes kannte Jakob nicht. In ihm war ein Schacht gegraben, in dem sein Schweigen Zuflucht fand. Diese Stille, der er nicht entkam, die sich so verdichtete, bis sein Gesicht von Schmerz gezeichnet war. So ging es Jakob, wenn er stumm vor Rita stand und nach Worten suchte. Durch gutes Zureden seine Frau aufzumuntern, gar zu erheitern, war ihm fremd geworden. Solche Sätze waren in Russland geblieben. Nur die Träume nachts öffneten das Verlies. Dann würgte er und schrie seine Not in das Dunkel der Kammer. Rita schüttelte ihn und drückte ihn an sich. Dann weinten sie wie verstoßene Kinder.

Hannes und Bertram

Bei Rita kamen die Wehen unverhofft. Ihr Leib krampfte sich, umschlang den Balg in ihr, um ihn zu ersticken, ihn loszuwerden. Sie stöhnte und krümmte sich. Hände und Arme hielten den Bauch, um den Schmerz im Rücken zu besänftigen. Ihr Leib drohte zu platzen. Das Steißbein zu brechen. Mit letzter Kraft würde sie diesen Fremdling, der nie Ruhe gab, aus sich herauspressen. Doch der Sohn konnte sein Gefängnis nicht verlassen. Die Nabelschnur, die Mutter und Kind miteinander verband, war um Hals und Bein gewickelt. Sie hielt den nach dem Ausgang strebenden Knaben zurück. Einem Hund gleich, der gegen seine Kette anrennt und sich dabei stranguliert. Er wand sich so lange in seinen Fesseln, bis Ritas Damm riss. Sie schrie um ihr Leben. Jakob saß auf der Bettkante und hielt ihre Hand.

»Ohne dich hätte ich die Schmerzen nicht durchgestanden«, sagte sie ihm später einmal.

Und Hebamme Hilda:

»Nemme løng un døin Bu woä blöd oder dod«[77], nachdem sie den Kleinen aus Rita herausgezogen und ihn entwurschtelt hatte. Sie packte ihn an einem Bein, hob ihn hoch wie einen Schlachthasen und zwang den Knaben mit kräftigen Schlägen auf sein Hinterteil, um sein Leben zu brüllen.

Rita nahm ihren Buben in den Arm und weinte vor Freude. Sie sah in dem Buben ihren Bruder Hannes, der auf der Flucht in den Fluten der kalten Ostsee ertrunken war. Er saß damals auf ihrem Schoss und sie hatte ihn nicht festhalten können. Die Schuld an seinem Tod verfolgte sie bis heute.

---

[77] »Nicht mehr lange und dein Bub wäre blöde oder tot geboren.«

Ihr Sohn würde Hannes heißen. Rita hoffte somit ihren Bruder zu ehren, um ihre Schuld abzutragen.

Ein Jahr später war Jakob wieder durch den Wald ins Nachbardorf gelaufen und hatte Hebamme Hilda geholt. Rita hatte oben unterm Dach Bertram geboren. Kaum war vor einem dreiviertel Jahr ihre Monatsblutung ausgeblieben, da traten die Abscheulichkeiten der letzten Schwangerschaft wieder auf: Kotzübel, jeden Morgen über dem Waschbrett hängend, das nasskalte Betttuch in den Fäusten. Sie spürte ihre Arme nicht mehr. Doch mit Bertram im Bauch kehrte nach drei Monaten Ruhe ein. So, dass Rita manchmal erschrak und Angst um ihr Kind hatte. Bertram gab ihr ein Gefühl von Wohlsein. Er war zufrieden. Die Geburt hatte wenige Stunden gedauert. Der Damm gehalten.

So unterschiedlich wie Ritas Schwangerschaften waren, so andersartig entwickelten sich ihre Söhne. Hannes war immer unterwegs. Schon als er zu krabbeln anfing, musste sie ihn in den Laufstall sperren, den sie am Küchenschrank festgebunden hatte. Sie musste ja ihre Arbeit schaffen. Mit den Fäustchen hielt sich Hannes an den Stäben fest, schrie und kämpfte gegen den Kälberstrick an, um zur Mutter zu kommen. Doch das Bügeleisen war heiß und im Herd war Feuer. Bertram dagegen blieb sitzen, wo Rita ihn hin drapierte. Er spielte mit seinem Lastauto, lud Klötzchen auf den Muldenkipper, tuckerte wie ein Motor und schüttete das Baumaterial in Reichweite wieder ab. Mit Bertram im Arm konnte Rita ein Stück Ruhe finden. Bei ihrem Jüngsten kam sie an ihr Gefühl und konnte auftanken, für eine kurze Zeit, bis die tägliche Tretmühle ihr abermals die Kraft nahm.

Ritas Schoß war für Hannes verloren, diesen Platz hatte sein Bruder besetzt. So sah er die Mutter mit Bertram jeden Tag am Tisch sitzen. Nach dem Mittagessen, dem Abendessen, vorm Zubettgehen. Eng umschlungen. Ein Liebespaar. Selten nur noch wurde Hannes von seiner Mutter gehalten, schmusten sie und rieben ihre Wangen aneinander. Gelegentlich nur noch kuschelte sich Hannes an ihren Bauch, an ihre Brust.

Den Herzschlag der Mutter hörte er nicht mehr. Vermisste den so vertrauten Rhythmus, das »blub, blub, blub«, das an sein Ohr geklopft hatte. Und während sie ein Lied sang, ihn dabei in ihren Armen wiegte, hatte er die Augen geschlossen und war eins mit ihr. Hannes vermisste die Wärme seiner Mutter. Manchmal kam ein Zittern über ihn. Er fror. Er hungerte nach ihr.

Auf Mutters Schoß hatte sein Rennen aufgehört. Kam sein innerer Motor zum Stehen, der von morgens bis abends auf Hochtour lief. Hier wäre er am liebsten geblieben. Für immer. Und wenn Rita ihm »mein Großer«, ins Ohr flüsterte, verlor er sich in seinem Glück.

Hannes kämpfte um Ritas Schoß, indem er Bertram wehtat, ihn schlug, ihn verspottete und ihn mit Grimassen außer Rand und Band brachte.

Einmal beim Mittagessen: Bertram saß auf dem Schoß der Mutter. Ihm gegenüber verzog Hannes sein Gesicht zu einer Fratze und streckte die Zunge heraus. Bertram schrie auf und warf seine Gabel über den Tisch. Gabelzinken fuhren in Hannes Augenbrauen. Aus vier Löchern nässte Wasser und Blut.

Der Vater schlug Hannes die Grimasse aus dem Gesicht. Mutter bearbeitete Bertrams Täterhand.

Hannes und Bertram hatten eine gemeinsame Bettstatt. Ihr Bett war unter die Dachschräge geschoben. Fast jeden Abend das gleiche Ritual: Hannes kitzelte seinen Bruder, piesackte, traktierte ihn, bis er schrie. Der Vater stürmte die Stiege hoch, die Tür flog auf und schon schlug er Hannes auf den Kopf. Dann war Ruhe. Die Brüder erschrocken. Weinten. Bertram drehte sich zur Wand und zog die Knie an den Bauch. Hannes kuschelte sich an ihn. Eng umschlungen schliefen sie ein.

Zwischen Hannes und seiner Mutter hatte sich ein Zaun gezogen, der sich zu einer Mauer verfestigt hatte. Nur seine Sehnsucht nach ihr konnte dieses aus schweren Steinen gesetzte Bollwerk überwinden.

Für Hannes war die Mutter verloren.

Und doch litt er, wenn es ihr schlecht ging. Er wollte doch seine Mutter beschützen vor seinen Großeltern Arthur und Elfriede, die kein gutes Haar an ihr ließen. Bei Hannes schauten sie in das Gesicht von Rita. Sie mochten ihren Enkel nicht.

Bertram kam nach ihrem Schlag. Er ähnelte seinem Vater. Ihn liebten sie. Wenn sie ihn riefen, mit ihm redeten, schwang ein leichter Singsang in ihren Stimmen. Bertram boten sie eine warme Milch an, stellten einen Löffel mit Honig in die Schale. Nahmen ihn auf den Schoß.

Streichelten sein Haar.

Hannes war frech zu seinen Großeltern. Als Elfriede ihrem Enkel eine Ohrfeige gab, brüllte er: »Du Drecksau.«

Jakob prügelte seinen Sohn mit schwieligen Händen, um ihn zur Vernunft zu bringen. Ihn zu stoppen. Rita zerschlug manchen Rührlöffel auf ihm. Sie trieben Hannes nur noch an. In seiner Verzweiflung floh er aus den Fängen der Alten, wo er nur konnte. Wenn ihn ein Drahtverhau umgab, wie im Kindergarten, überstieg er das Hindernis und rannte über die Wiesen in den Wald.

Hannes verachtete den Vater, der sich nicht vor seine Mutter stellte, sie nicht vor den Großeltern beschützte. Ein Schwächling. Zwischen den beiden Blöcken eingekeilt schrie der Vater: »Läckt misch all ømm Oäsch, allminnønner«[78], und stapfte hinaus in den Stall zu den Kühen und ward den ganzen Tag nicht mehr gesehen.

Hannes war gerade fünf Jahre alt, da schwor er:

»Wenn isch emol groß bee, do muss møi Mama ne me laire.«[79]

78 »Leckt mich alle am Arsch. Alle miteinander.«

79 »Wenn ich einmal groß bin, muss meine Mutter nicht mehr leiden.«

»Mach disch net dräckisch«[80], rief Rita Hannes jedes Mal hinterher, wenn er ins Freie rannte. Gerade wenn es geregnet hatte, war der ganze Hof mit einer braunen Schmiere bedeckt. Der Mist lag vor dem Eingang. Rinnen von Jauche flossen über den Hof, nährten Mulden und Ecken mit dieser dicklichen Brühe. Hannes suchte diesen Matsch. Innerhalb kürzester Zeit waren Hose, Hemd und Schuhe voller Schlamm. Rita kam mit dem Waschen und dem Flicken nicht mehr nach. Sie schaute auf ihren Buben und verglich ihn mit seinem Freund Gregor. Der stieg über die Jauchelachen. Seine Klamotten waren sauber. Er war leise und machte fast einen eingeschüchterten Eindruck. Anders Hannes: Der stampfte in die Pfützen, freute sich, wenn es spritzte, wenn die Soße in seine Schuhe lief. Und kam er mit aufgeschlagenen Knien in die Küche, bemerkte Rita:

»Die Hauptsach die Hose ess noch gønz, däss ønner wächst noch.«[81] Und träufelte ihm Jod auf die Wunde.

Zu Weihnachten bekam Hannes ein Dreirad. Das Christkind hatte seinem Freund Gregor und ihm das gleiche »Rädchen« unter den Weihnachtsbaum gestellt. Der Sitz aus Buchenholz war lackiert. Die Räder leuchteten in roter Farbe. Schwarze Hartgummireifen waren auf die Felgen aufgezogen. Die Pedale des Vorderrades waren an einen Eisenstab geschraubt, der direkt an der Nabe rechtwinklig abgeknickt war. Die beiden rückwärtigen Räder waren mit einer

---

[80] »Mach dich nicht dreckig.«

[81] »Hauptsache, die Hose ist noch heil. Das andere wächst von selbst nach.«

fingerdicken Rundeisenstange verbunden. An ihr wurde beim Spielen der »Pflugkarren« eingehängt.

Der Pflugkarren war aus schwerem Eisen, mit zwei Rädern, auf dem der Mast des Pfluges beim Pflügen auflag. An ihm konnte man die Tiefe der Furche einstellen.

Vorne an der Deichsel war ein Haken angeschweißt. Hier wurde das Schildscheit des Zuggeschirrs eingehängt, an dessen Ende ein Joch den Kühen über die Stirn gelegt und an den Hörnern angeschnallt wurde. Und hatten sie eine schwere Last zu ziehen, senkten sie leicht ihren Schädel und stemmten sich ins Joch. Gemächlich. Stundenlang. Furche für Furche. Oder einen Wagen hinter sich herziehend.

Die Kinder mussten beim Pflügen die Kühe führen, damit sie nicht ausscherten. Sie fassten sie dann am Kopfriemen, um sie in die Furche zu zwingen. Und wurde es der Kuh zu viel, warf sie ihren Schädel gegen das Mädchen oder den Buben. Manche fielen dabei auf die Scholle, fluchten und weinten vor Zorn.

Hannes und Gregor traten in die Pedale und rasten über den Hof, streiften die Ränder des Misthaufens oder fuhren auch mal mit Schwung hinein, in den für die Bauern so wichtigen Dung. Die Eisenräder gruben sich in den Schlamm, der von einer schwarzen Brühe überdeckt war. Wellen kringelten sich ans Ufer der Pfütze und schlugen zurück. Beruhigte sich die Jauche, war sie ein Spiegel geworden und Hannes und Gregor lachten sich schief über ihre Grimassen, die ihnen entgegensprangen.

Die Freunde hatten den Pflugkarren an die Dreirädchen gehängt und waren als pflichtbewusste Bauern auf dem Hof unterwegs. Den Lenker fest im Griff, bogen sie die Oberkörper zurück, um alle Kraft in die Beine zu bekommen. Die Vorderräder gruben sich tiefer in den Dreck und wühlten ihn auf.

Der Schlamm häufte sich und wuchs wie eine Insel aus der Brühe heraus. Bei jeder Umdrehung kam eine Schippe Matsch obendrauf.

Als Abschleppseil diente eine Kordel, die aus ungefähr zehn dünnen Fäden gedreht war. Diese Schnüre, einen Meter fünfzig lang, wurden zum Binden der Strohballen benutzt und hingen an einem rostigen Nagel am Scheunentor.

»Puff, puff, puff, puff.« Die Wangen aufgeblasen. Die Luft laut herausgestoßen. Hannes und Gregor äfften den Bulldog nach, der mit samt der Dreschmaschine durchs Dorf zog. Im ganzen Dorf war das Geschepper des Riesenvehikels und das Rumoren des Bulldogs zu hören. Immer war ein Schwarm Kinder dabei, wenn letztendlich die Dreschmaschine in die Scheune eines Bauern geschoben wurde. Den ganzen Tag brüllte der Bulldog dann, weil er die Dreschmaschine antreiben musste.

Hannes fuhr seinen Bulldog vor den des gestiefelten Gregor. Ein Kordelende band er unter seinen Lenker, das andere wurde an der hinteren Querachse des Pflugkarrens festgezurrt. Dem prüfenden Blick folgte ein behäbiges Aufsteigen auf den Fahrerbock. Ein Wink und beide Jungen heulten wie Motoren auf, traten mit aller Kraft in die Pedale und das Gespann setzte sich mit einem Ruck in Bewegung. Hannes stieß einen Freudenschrei aus, als nun der Hänger, halb abgesoffen, von der geballten Dreiradkraft ins Trockene gezogen wurde.

März 1952 – Manöver

Es war an einem Montag, dem 17. März 1952.

In der Nacht hatte der Winter mit Schnee und Regen das Land eingedeckt. Schmierig und schwer legte sich der Siff in die Gassen von Heurich. Dächer und Vorsprünge waren mit einem dreckigen Weiß überzogen, bevor sich der Regen durchsetzte und den Matsch von den Gemäuern spülte. Am Morgen war die Wolkendecke aufgerissen. Der Mond hing eingedellt am Himmel. Leicht nach vorne geneigt, blickte er traurig drein. Ein hingehauchter, eher gedachter Faden, der sich aus dem Licht der Sichel nährte, umriss den verhehlten Teil seines Schädels. Die Dunkelheit wich zurück. Die Wolken formten sich zu wahnwitzigen Figuren. Vom Licht des Ostens vorangetrieben, verloren sie ihr bedrohliches Schwarz und schwebten in einem friedlichen Grau dahin. Schneefetzen hingen über den Schollen der Äcker, Pfützen spiegelten sich dazwischen. Ungeschützte, verletzliche, glänzende Flächen.

»Hannes, Bertram, ihr müsst aufstehn«, rief die Mutter, schlug die Bettdecke zurück und öffnete das Fenster. Die Stube füllte sich mit feuchtkalter Luft. Die Buben rollten sich zur Seite und zogen die Knie an den Bauch.

»Ich muss in die Stadt zum Zahnarzt. Die Oma bringt euch in den Kindergarten«, sagte die Mutter und fuhr mit einem Waschlappen Bertram über die Augen. Er heulte und wehrte sich wie jeden Morgen. Ein eitriger Ausfluss hatte über Nacht seine Augen verklebt. Dicke, gelbe Tropfen standen ihm in den Augenwinkeln. Und es folgte das allmorgendliche Ritual von Anziehen und Frühstücken.

Ein Grollen war zu hören, wie wenn ein schweres Gewitter aufziehen würde. Hannes fuhr hoch.

»Das sind die Amis mit ihren Panzern, die fahren schon die halbe Nacht durchs Dorf.«

»Wo foän di hie«[82], wollte sein Bruder wissen.

»Die haben Manöver und belagern wahrscheinlich den Wolfsbuckel. Nicht, dass du zu den Amis gehst, gell! Ich hole euch heut Mittag vom Kindergarten ab.«

Die Mutter war aufgeregt. Das Lärmen der Panzer erinnerte sie an ihre Flucht am Kriegsende.

Großmutter Elfriede kam zur Küche herein und legte sich ein Tuch über den Kopf. Ihr Haar war streng nach hinten gezogen und zu einem Nest verknotet. Sie versuchte, ihr Doppelkinn, eine Speckschwarte unter der Kinnlade, mit dem Knoten des Kopftuches zu verstecken. Hannes zog Großmutter und Bertram zur Tür hinaus, die Gasse hinab. Und dann sah er sie. Panzer an Panzer, dicht auf dicht. Es war ein Rumoren und ein Heulen, es dröhnten die Motoren und die Ketten gruben sich in die Erde. Gräben entstanden, in die sich das nachfolgende Ungetüm noch tiefer hineinfraß.

Die Buben drängten sich an die Großmutter und drückten die Köpfe an ihre Hüften. Großmutter zitterte und knetete die Hände der Kinder.

Das Leben im Dorf war stehen geblieben. Kein Fuhrwerk kroch die Gasse entlang. Die Kühe brüllten in den Ställen. Die Hühner krallten sich auf den Stangen fest. Die Hähne bogen ihre Hälse nach oben und krähten aus aufgesperrten Schnäbeln. Die Hunde klappten ihre Schwänze zwischen die Hinterbeine und verkrochen sich in ihre Hütten. Katzen und Vögel waren nicht zu sehen, sogar die Mäuse verschwanden in ihren Löchern.

---

82 »Wo fahren die denn hin?«

Großmutter, Hannes und Bertram mussten auf dem Weg in den Kindergarten über den Buchenweg. Doch es war kein Hinüberkommen. Die Panzer ruckten und wühlten sich grob und wild durch Heurich. Sie hatten ihre Kanonen nach hinten gelegt. Oben ragte ein Soldat heraus und vorne auf der Panzerplatte war ein Helm mit einem Kopf darunter zu sehen. Großmutter schrie: »Mije gehn werrä høm.«[83]

Doch Hannes kam aus dem Staunen nicht heraus und wollte bleiben. Die Riesenkäfer, das Rumoren ihrer Motoren und das Rasseln der Ketten hatten ihn in einen Bann gezogen. Als gerade eine Lücke zwischen den Panzern entstand, zog Großmutter die beiden Kinder über die Gräben auf die andere Straßenseite.

Sie durften nicht stolpern, denn diese Rotte war außer Rand und Band und niemand würde sie aufhalten können.

Die Amerikaner verwüsteten bei ihren Manövern die Felder der Bauern und schlugen sich in die Wälder.

Am Nachmittag wagten sich die Kinder in den Wald zu den »Amis«, die freundlich zu ihnen waren und baten sie mit ihrem besten Englisch: »Schäwwigum. Schokläts«[84], um Süßigkeiten.

---

83 »Wir gehen wieder heim.«

84 »Kaugummi und Schokolade.«

Duftnoten und Dialektvariationen

Hannes konnte seine Großmutter Elfriede nicht riechen. Sie roch nach Kuhstall, Schweinestall, Hühnerstall, nach kuhwarmer Milch, gekochter Milch und Dickmilch und dem Kochdunst, der sich über Jahrzehnte in die Küche hineingefressen hatte. Diese Düfte bevölkerten ihre Mantelschürze, waren in die klitzekleinen Maschen gekrochen, um darunter jede Pore ihrer Hautschichten zu besetzen. Dazu kamen die eigenen Produkte, die sich aus allen Öffnungen von Kopf und Leib drängten, in der guten Absicht, Türen und Tore beweglich und rein zu halten, um sich der eindringenden Masse von Kleinstviechern in den Weg zu stellen. Doch Sekrete, Pasten und milchsaurer Ausfluss mochten nicht gleich, doch in absehbarer Zeit weg gewischt werden. Obwohl, die Unterwäsche war aus einem dicken, blauen Baumwollstoff gewebt, innen aufgeraut, und gewillt, alle Ausdünstungen aufzusaugen, um einem Gärprozess entgegenzuwirken.

Irgendwann mussten die übereinander gestapelten Stoffe passen. Die Saugfähigkeit hatte ihre Grenzen.

Zur Grundversorgung von Haus- und Hofgestank kam bei Großvater Arthur eine spezielle Würzessenz hinzu. Ein Geruch, der vielleicht zu vergleichen war mit einem ranzigen Fondorwürfel. Des Großvaters Körper bestand nur noch aus Haut und Knochen. Wie eine Gardine über ihn geworfen, hing sein Hemd an ihm. Die Zimmermannshose mitsamt der langen Unterbüx wurde von Hosenträgern gehalten, die mit braunen Schlieren verziert waren. Vier Zentimeter breite, mit Textilfäden verwebte Gummibänder waren das, die vorne in zwei Lederstreifen übergingen und an der Hose fest geknöpft waren. Zwischen den Schulterblättern vereinten sich die Träger, vernäht mit einem Lederdreieck und strebten als alleiniger Strang auf das Gesäßteil der Manchesterhose zu, um mit ihm - den Knopf ins Knopfloch eingehängt - zu verhindern, dass der schwere Stoff auf die Kniekehle rutschte. Sein durch und durch ergrautes Unterkleid trug er auch im Sommer.

»Wos worm höppt, höppt a kühl«[85], stellte er fest.

Großvater Arthur hing über dem Holzgeländer vor dem Haus und »brebelte«[86] vor sich hin, wenn er Nachbar Edgar sah, der gerade mit seinem Kuhgespann aufs Feld hinaus fuhr oder wenn Kinder über den Hof rannten.

»Isch gäb aisch, ihr Sakremend ihr verreckde, schwachetze Faulenzer, ömgetröde. Dräckhomel das dä said. Wenn isch eisch nä kriesch, ihr Himmelsakrefluchd. Machd nä so wairer ihr Lombe. Ihr Lombe das dä seid.«[87]

»Wos hosde dønn scho wärrä«[88], krähte Großmutters Sopran aus der offenen Haustür.

»Alles Lombe, alles Lombe«[89], erklärte der Großvater.

Und er wand sich, wenn ihn wieder ein Husten befiel. Seinen Eruptionen ausgeliefert zuckte sein Leib, wie unter Peitschenhieben. Geschossartig flogen Brocken aus offenem Rachen auf den Misthaufen oder einer pendelte und hüpfte gelb glänzend am Kinn, bis er ihn mit der hohlen Hand einfing und auf den Handlauf des Geländers schmierte.

---

85 »Was warm hält, hält auch kühl.«

86 murrte

87 »Ich gebe euch, ihr Sakrament, ihr verreckte, niederträchtige Faulenzer, umgedrehte. Dreckhammel seid ihr. Wenn ich euch erwische, ihr Himmelsakreflucht. Macht nur so weiter, ihr Lumpen. Lumpen seid ihr.«

88 »Was hast du denn schon wieder?«

89 »Alles Lumpen, alles Lumpen.«

Traten Ruhepausen ein, steckte er gleich seine Pfeife in den Mund und zog den würzig scharfen Qualm in sich hinein. Seine Lungen pfiffen und quietschten wie Bremsklötze der Mistwagen, die auf den Eisenreifen schleiften.

Großvaters Pfeife hatte einen langen Stiel mit einem Porzellankopf. Aus den Ritzen der Steckverbindungen drängte ein schwarzer Brei, füllte Falten und Furchen von Kinn und Hals und versiegte zu guter Letzt im Flanell seines Hemdes.

Februar 1955 – Aufklärung

Hannes und sein Vater hatten Frieda die Kuh aus dem Stall geholt und führten sie durch das Dorf zu Bauer Edgar, der den letzten Hof auf der Straße nach Pfalzberg bewirtschaftete.

Frieda sollte Bulle Hugo besuchen.

Edgar und Jakob verschwanden mit Frieda im Stall. Der untere Teil der Stalltür wurde verriegelt. Hannes musste draußen bleiben. Doch er linste über den Flügel der geteilten Tür und sah, wie Edgar einen Stock an einen Eisenring einhakte, der aus Hugos Nasenlöchern hing. Er befreite den Bullen von seinen Ketten und führte ihn zu Frieda hin. Hugos Körper richtete sich auf, die vorderen Pranken ruderten hilflos, die Hinterbeine schoben mit letzter Kraft diesen Fleischkoloss auf Frieda drauf. Hugos Schädel drehte sich leicht und rutschte auf dem Rücken zum Nacken von Frieda. Alle für diesen Akt notwendigen Sehnen und Muskeln waren bis zum Reißen gespannt. Wie ein Dompteur fuchtelte Edgar mit seinem Stock. Immer bedacht, Hugo nicht in seinem Tatendrang, durch einen unbedachten Ruck am Nasenring auszubremsen. Frieda war mit einem Strick an einen Pfosten gebunden, streckte den Kopf und schnaubte unter der Last des Bullen. Sie tat Hannes leid, er hatte Angst, sie könnte Hugos Angriff nicht überleben. Der Bulle klemmte die Vorderbeine um Friedas Lenden und krümmte seinen Buckel. Sein Leib krampfte sich. Hugo hob seinen Schädel und riss sein Maul auf. Aus tiefstem Rachen quoll ein Röhren. Ein Dröhnen innigster Lust. Ein Tosen der Gezeiten war da zu hören, so, als wenn die Flut hohe Brecher an Land spült, weil sie den Gesetzen der Elemente ergeben ist. Hugo war verdammt dazu, diesen Urgewalten der Brunft zu folgen.

Dann entspannte sich der Bulle, legte seinen Schädel auf Friedas Rücken und rutschte von ihr herab. Völlig entkräftet stand das riesige Vieh neben Frieda und keuchte. Zahm wie ein Schaf ließ sich Hugo von Edgar in seine Box führen und anketten.

Daheim beim Abendessen erzählte Hannes der Mutter. »Ossä Frieda und de Hugo hon geogselt.«[90]

Die Stille, die auf einmal in der Küche hing, überwand der Vater mit der Feststellung: »Du Hannes, die Bobbelschen komme ausem Abrahamskessel.«[91]

Hannes konnte das eine mit dem anderen nicht zusammen bringen. Was hatte das »Ogseln« der beiden Rinder mit »de Bobbelschen« zu tun? Den Abrahamskessel stellte er sich wie das Taufbecken in der Kirche vor. Hannes war stolz, nun zu wissen, wo die kleinen Kinder herkamen.

In der Sakristei hatte Pfarrer Hufnagel die elf Kommunionkinder um sich versammelt. Hannes war gespannt auf das Fest. Er würde von seinem Paten eine Uhr bekommen, mit den vielen Geldgeschenken würde er sich ein Fahrrad kaufen und auf den Dienst als Messdiener freute er sich. Heute wollte der Pfarrer den vier Mädchen und sieben Buben die Zehn Gebote näher bringen. Nur an den einen heiligen Gott sollten sie glauben, Vater und Mutter ehren und ja nicht töten.

Bis hierher konnte Hannes dem Unterricht gut folgen, weil Pfarrer Hufnagel auch Geschichten dazu einfielen. Beim sechsten Gebot, dem Ehebrechen und der Keuschheit, hatte er es eilig. Beispiele dazu fielen ihm nicht ein. Hannes kam

---

90 »Der Hugo ist auf unsere Lotte aufgesprungen.«

91 »Du Hannes, die kleinen Kinder kommen aus dem Abrahamskessel.«

der Abrahamskessel in den Sinn und er dachte an das Taufbecken unter der Kanzel. Dann hob der Pfarrer den Zeigefinger und kam gleich zum siebten Gebot, und drohte den Buben und Mädchen, ja nicht zu stehlen. Nach dem Unterricht versuchte Hannes schnell nach Hause zu laufen, denn der Tierarzt würde vorbeikommen.

Herr Wuttke, der Tierarzt, fuhr mit seinem Käfer auf den Hof. Als der VW vor etlichen Jahren nagelneu vom Band gelaufen war, hatte er in einem frühlingshaften, zarten Grasgrün geleuchtet. Nun hatte das Blech die ermattete, gebleichte Gesichtsfarbe seines Besitzers angenommen.

Herr Wuttke warf die Tür auf und versuchte, seinen vom Lenkrad fixierten Bauch zum Ausgang hin auszurichten. Um auf die vor dem Käfer abgestellten Füße zu kommen, griffen seine Hände Tür und Rahmen und es bedurfte aller Kraft von Armen und Beinen und dem Ausbalancieren seines Rumpfes, um das Vorhaben als gelungen abzuschließen. Sein Blut flutete das Gesicht, zog sich aber nach getaner Arbeit gleich wieder in die Verästelungen der Blutgefäße zurück, um wieder der leichenblassen Farbe seines Autos Raum zu schaffen. War der »Viehdogdä«[92] da, durfte Hannes nicht in den Stall, der niedrig und düster war.

Der Gestank von Dung und Maulgeruch der drei Wiederkäuer waberte stickig, warm und schwer in diesem Loch. Spinnennester hingen wie kleine Hängematten in den Winkeln, eingestaubt und besprenkelt mit Tröpfchen des schwitzenden Raumes. Den Schwalben war das egal. Sie hatten ihre Nester rechts oben in die Ecke des Kuhstalles gebaut und segelten durch die geteilte Tür zu ihren Jungen. Die Fliegen

---

92 Tierarzt

plagten Mensch und Tier, soffen sich satt aus den Pfützen, die in den Augenwinkeln der Kühe standen. Stechfliegen stürzten sich wie Pfeile auf die schweißige Haut der Menschen, stachen sofort zu und sogen sich den Magen voll. Hände klatschten auf nasse Haut und hinterließen ein zermatschtes Häufchen, getränkt von Schweiß und Blut. Die Plagegeister klebten an den gelben Fliegenfängern, die wie blonde Korkenzieherlocken in Küchen und Stalldecken hingen. Man sah sie strampeln in ihrem Todeskampf oder sie bedeckten mit ihren schwarzen Leichen das gnadenlose, harzige Gelb.

Hannes schlich sich in den Stall und versteckte sich hinter einer Kuh.

Tierarzt Wuttke, mit einem Mantel aus grauem Tuch behängt, stand hinter Frieda und zog sich seine Gummihandschuhe bis unter die Axel. Frieda schnaufte schwer, streckte ihren Hals und brüllte ab und an ihren Schmerz gegen die mit Salpeter gepuderte Wand. Jakob hielt den Schwanz von Frieda hoch. Dann stopfte der Arzt seine Hand in die eine Öffnung der Kuh, bis fast der ganze Arm verschwunden war. Seinen Kopf legte er an Friedas Hinterteil, die drehte ihren Kopf und glotzte ihn an. Ihre darüber liegende Öffnung blies die Backen auf und eine spinatartige Masse füllte dem Wuttke eine Tasche seines Mantels. Was dann der Stiefel nicht aufnehmen konnte, klatschte auf das Backsteinpflaster.

Hannes konnte sich vor Lachen nicht halten und floh aus dem Stall.

In der Nacht bekam Frieda ihr Kälbchen.

1957 – Das Baumhaus

Am Waldrand an der Kreuzbuche trafen sich die Freunde Hannes, Klaus, Ottmar und Gregor. Die Äste des Baumes berührten fast den Boden. Den Stamm konnten die Buben, wenn sie sich an den Händen nahmen, gerade so umfassen. Im April gaben die Knospen dem Baum einen violetten Glanz, um im Mai aufzuplatzen und mit aller Kraft die Blätter auszutreiben.

Und kletterten die Buben in dichtes Laub, hoch hinauf bis zum Wipfel, verschwanden sie vor dem Zugriff der Alten. Und schob der Klobenvitus seine Schubkarre unter den Buben hindurch, konnten sie sich fast nicht halten. Sie hielten sich die Bäuche und gluckstеn in sich hinein.

Vom Kirchplatz aus war die Krone der Buche zu sehen. Für die Menschen war der Baum ein Fixpunkt, der am Fuße des Wolfsbuckels seine Wurzeln in die Erde trieb. Die Buche zeigte sich im zarten Grün des Frühjahrs, im Blätterwerk des Sommers oder im rostigen Gold des Herbstes oder entzog sich im Winter fast der Sicht, weil Fichten und Kiefern die Kulisse dominierten und ihr Astwerk sich in deren Dunkelgrün verflüchtigte. Und wenn im Winter Schnee fiel und dem Land einen Zuckerguss verpasste, verwischten die Konturen und die Buche ging über in das Weiß des Waldes.

Klaus und Hannes hatten schon als Dreijährige im Kindergarten den Sandkasten umgegraben, sie saßen in der Schule in der gleichen Bank und gingen nebeneinander bei der Erstkommunion gemeinsam zum Tisch des Herrn. In der Schule tat sich Klaus leichter als Hannes und er beherrschte sogar die lateinischen Messdienergebete. Hannes waren nur wenige Wörter dieser Gebete geläufig, den Rest füllte er mit einem erfundenen Kauderwelsch, der sehr lateinisch klang. Zumindest hatte Pfarrer Hufnagel nie etwas gesagt.

Klaus, Hannes, Ottmar und Gregor planten ein Baumhaus. Ein Fenster sollte es haben und möglichst hoch über dem Boden thronen. Hannes hatte das Prachtstück des Vaters, einen Zimmermannshammer, heimlich aus der Werkstatt mitgehen lassen. Die Säckel voller rostiger ins Lot geklopfter Nägel ließen die Hosen der Buben schwer an den Trägern hängen.

Am Wolfsbuckel hatten die Jungen einen Platz gefunden. Fünf Fichten standen gut zwei auf zwei Meter im Quadrat. Zwei von ihnen eng beieinander. Diese verbanden die Buben mit Bengeln, die sie übereinander nagelten. Und so wuchs eine Leiter, die bis auf eine Höhe von fünf Meter kam. An den Stämmen, die als Eckpfosten dienten, kletterten sie empor und nagelten den Rahmen des Fußbodens zwischen die Bäume.

Niemand kann sich vorstellen, wie viele Hölzer und Bengel gesammelt, gehackt, gebrochen, dann getragen geschleppt, geschleift, gehoben wurden, um wiederum hoch gereicht, gezogen, geschoben, um endlich oben in der Höhe vernagelt, verbunden, verankert zu werden.

Eine Plackerei, die den Buben Spaß machte.

Ein Bienenhaus stand verlassen unter einer Hecke versteckt am Rande eines Steinbruchs. Bretter einen halben Meter lang, gehobelt, verkleideten ein Gerüst aus Vierkanthölzern. Die verwaisten Bienenkästen waren wie in ein Regal einsortiert, und Wind und Wetter hatten ihre rote, blaue, grüne und gelbe Farbe fast gänzlich verblassen lassen. Von den Alten unbemerkt, verschwand das Bienenhaus in seine Einzelteile zerlegt zum Bauplatz in den Wald. In die Ritzen der Bauteile wurde Moos gestopft. Über die Hölzer der Dachkonstruktion legten die Buben die Dachpappe des Bienenhauses. Und abends auf dem Heimweg schlichen Hannes, Klaus, Ottmar und Gregor wie Karl Mays Apachenhäuptling Winnetou gebückt auf leisen Sohlen durch Hecken und Sträucher. Sie waren auf Kriegsfuß mit ihren Tomahawks, die am Gürtel der Indianer hingen. Die Axt, über dem Kopf geschwungen, flog durch die Luft, überschlug sich und trieb in einen Apfelbaumstamm, der als Bleichgesicht herhalten musste. Der Hammerkopf brach ab.

Fassungslosigkeit.

Hannes begrub die beiden Hammerteile an der Unfallstelle. Irgendwann fragte Jakob seinen Sohn Hannes: »Wo hosden di gønze Nähl hie geschaffd? Wo? He? Un møin Hømmer, wo ess deä, wo?«[93]

»Isch woä's ned«[94], log Hannes.

Den Hammerkopf hatte der Vater vor Jahren im Dorf gefunden und sich aus Akazienholz einen Stil geschnitzt. In der Nacht fand Hannes keine Ruhe. Den festgestampften Lehm an der Beerdigungsstelle des Hammers am Apfelbaum konnte ja jeder sehen. Am nächsten Tag versenkte Hannes den zerbrochenen Zimmermannshammer im Waldboden. Dort am Fuße des Baumhauses würde das Grab unentdeckt bleiben.

Vaters Geschrei und dessen Trauer um seinen geliebten Zimmermannshammer trieb Hannes wieder in den Wald. Das nächste Versteck war der Katzenbalken in der Scheune, um dem Vater eine Chance zu bieten, die Hammerteile irgendwann zu finden.

---

93 »Wo hast du die ganzen Nägel hin geschafft? Und mein Hammer, wo ist der hingekommen?«

94 »Ich war es nicht.«

Sommer 1957 – Der Schuster

»Hannes, deine Schuhe reißen ja schon wieder das Maul auf. Die sind doch für die Schule und nicht fürs Fußballspielen! Auf, trag sie zum Schuster Karl, der soll sie gleich nähen. Du brauchst sie morgen früh.«

Hannes hatte seine Halbschuhe mit den Bändeln zusammengebunden und warf sie sich über die Schulter. Er überquerte die Gasse und kam auf den Pfad, der an der Buchenhecke entlang durch Wiesen und Gärten um das Dorf herum führte. Hannes ging gerne zum Schuster und nutzte diesen Weg am liebsten. Er mochte niemandem begegnen, den er grüßen musste. Die Alten am Ortsrand waren so in ihre Arbeit vertieft, dass sie Hannes nicht beachteten. Sie trieben die Kühe die Furchen entlang oder harkten auf ihren Äckern das Unkraut. Der Schusterhof war der Einzige im Dorf, der in sich geschlossen war. Ein Eisentor zur Gasse hin verband das Wohnhaus mit einer Bruchsteinmauer, die das Gehöft auf der linken Seite begrenzte und sich bis an die Scheune hinzog. Die Mauer, dreißig Meter lang und zwei Meter hoch, würde nichts nach außen dringen lassen, was die »Schusters« zu verbergen hatten. Sie beschützte ein in sich geschlossenes System der Demütigung, der Gewalt und war ein Symbol von eingesperrtem Schweigen. In der Ecke neben der Scheune stand ein Nussbaum. Wie eine Hand legte sich das Blätterdach des Baumes über den Hof und stellte das Verborgene in den Schatten. Hannes stemmte sich gegen das Hoftor, das ächzte und sich gegen das Öffnen sträubte. Er betrat den Innenhof, nahm die paar Stufen zum Eingang, kam durch die Haustür in einen kurzen Gang und stand vor der Werkstatttür. Er klopfte auf raues Holz. Der Eisengriff war kalt, das Schloss klackte und die Tür sprang auf.

Türen und Tore des Schusterhauses wurden nicht geölt und nicht gefettet.

Sie ächzten und knarrten, wie unter Schmerzen.

Eisen rieb auf Eisen. Eisen schlug gegen Eisen.

Karl hörte, wenn jemand in seinen Hof eindrang und erkannte an der Art der Geräusche, wer es war. Hannes empfand sich als Störenfried. Er schaffte es nicht, die Türen leise zu bewegen.

»Ei de Hannes«, freute sich der Schuster. Er saß auf einem Podium direkt am Fenster und schlug Holznägel in die Sohlen eines Schuhs. Hannes setzte sich auf die Ofenbank.

»Unn wi esses in de Schull, Hannes?«[95], wollte Karl wissen und er fragte ihn nach Lehrer Wagenhöfer, der sein Schuhzeug auch hierher brachte. Der Schuster hatte Hannes am Sonntagmorgen im Hochamt als Messdiener gesehen.

»Geh nä schö in di Käische. Osser Herrgott sitt alles un höt alles, gäll.«[96]

Hannes beschwerte sich bei Karl, dass der »Woschtsäppel«[97] die Buben mit der Mistgabel von seiner Wiese vertrieben und den Ball mitgenommen hatte.

Erzählte von dem Baumhaus, das er mit Klaus, Ottmar und Gregor fünf Meter hoch in die Bäume gebaut hatte.

Karl war der einzige Alte, der ihm zuhörte, und Hannes vertraute ihm sogar an, dass er mit seinen Kumpels, das Bienenhaus am Steinbruch abgerissen und in den Wald zur Baustelle geschleppt hatte.

---

95 »Und wie ist es in der Schule?«

96 »Geh nur in die Kirche. Unser Herrgott sieht und hört alles.«

97 »Wurstjosef«

»Do woän doch sowiso kø Biene me denn«[98], besänftigte Karl den Buben.

Hannes gefiel es beim Karl und immer öfter saß er auf der Ofenbank der Schusterwerkstatt. Und Karl gab ihm kleine Arbeiten, die Hannes gerne verrichtete. Er holte Holz aus der Scheune, durfte die Eier aus den Hühnernestern lesen. Später half er Karl im Garten und baute einen Kasten für seine Hasen. Der Schuster lobte ihn, gab ihm auch mal eine Mark.

Einmal kam der Schuster aus seinem Schlafzimmer und hatte Heftchen in der Hand. »Do, gug dä däss emol oh.«[99]

Hannes sprangen Bilder entgegen, die er noch nie gesehen hatte. Frauen nackt, die Beine gespreizt, reckten sich ihm entgegen. Männer mit großen Geschlechtsteilen. Leiber, die miteinander verschlungen waren. Ekelig waren diese mit weißem Schleim bedeckten Bäuche und Gesichter.

Karl erklärte ihm, dass so die Kinder gemacht würden und die »Bobbelschen«[100] zwischen den Beinen der Frauen heraus kämen. Hannes starrte Karl an und schüttelte den Kopf.

»No, Hannes, do gugste, gäll.«[101]

Karl setzte sich neben Hannes auf die Ofenbank. »Do gug, do best du ach rauskomme.«[102] Mit dem Zeigefinger berührte er die Vagina der Frau auf dem Foto.

Hannes verschwammen die Bilder vor seinen Augen. Er rutschte vom Schuster weg, von der Ofenbank runter und floh aus der Werkstatt hinaus auf die Gasse. Hannes rannte über das Feld in den Wald und verkroch sich im Baumhaus.

---

98 »Da waren doch sowieso keine Bienen mehr drinnen.«

99 »Hier, schau dir das mal an.«

100 Säuglinge

101 »Na, Hannes, du guckst du, nicht wahr?«

102 »Da schau, da bist du auch herausgekommen.«

Die Bilder schreckten ihn und zogen ihn in ihren Bann.

Die Seiten schlugen um. Blatt für Blatt, Bild für Bild.

Plötzlich seine Mutter nackt auf einem Sofa.

Die Beine breit. Sein Vater. Der ganze Schleim.

Hannes Bauch krampfte. Er fror. Der Rücken schmerzte. Sein Kopf tat ihm weh. Über dem linken Auge ein Stechen. Karl wurde es schlecht. Er strich mit dem Arm übers Gesicht und verschmierte Schweiß und Tränen. Hannes sehnte sich nach seiner Mutter, sehnte sich auf ihren Schoß, umschlungen und gehalten von ihren Armen.

Als die Abendglocke ihn zur Heimkehr aufforderte, lief er übers Nassefeld. Ein Umweg.

»Wo kömmsden du heä«[103], fragte sein Vater.

»Es Essen ess schon kalt un døi Gesischd ess jo gønz dräckisch«[104], sagte die Mutter.

»Isch bee blos hiegefalle«[105], entgegnete Hannes, setzte sich an den Tisch und starrte auf den Teller.

Die Bratkartoffeln waren mit einer Haut überzogen und rochen nach kaltem Fett.

In der Nacht kuschelte sich Hannes an seinen Bruder Bertram, als dieser eingeschlafen war.

Die Mutter vor Augen.

Nie würde sie so sein wie die Frauen auf den Bildern.

Hannes schloss die Augen und betete: »Bevor ich mich zur Ruh begeb, zu dir oh Gott mein Herz erheb, und sage Dank für jede Gab die ich von dir empfangen hab. Und hab ich heut missfallen dir, so bitt ich dich verzeih es mir. Dann schließ ich

---

103 »Wo kommst denn du her?«

104 »Das Essen ist schon kalt und dein Gesicht ist ja ganz schmutzig.«

105 »Ich bin nur hingefallen.«

froh die Augen zu. Es wacht ein Engel, wenn ich ruh. Dein Kreuz o Jesus schütze mich vor allem Bösen gnädiglich. In deine Wunden schließ mich ein, dann schlaf ich sicher keusch und rein.«

1960 – Messdiener

Hannes war zur Abendandacht mit seinem Freund Klaus zum Messdienerdienst eingeteilt. Als die kleine Glocke zur halben Stunde vom Kirchberg herunter rief, machte er sich auf den Weg. Eine viertel Stunde vor sieben wird sie die Gläubigen abermals an den Kirchgang erinnern. Fünf Minuten vor sieben wird der Obermessdiener alle drei Glocken zum Klingen bringen.

Wenn es »zusammen läutete« sah man immer die gleichen Leute durchs Dorf hetzen, deren immerwährender Kampf mit der Zeit ein rechtzeitiges, ruhiges Gehen zur Heiligen Messe nicht zuließ. Und pendelten die Glocken aus und ihr sterbender Klang verkam zu Tönen, die in den Ohren wehtaten, saßen die Verschwitzten in der Kirchenbank auf ihrem Platz und taten so, als wären sie die Ruhe selbst.

Hannes hatte schon die Schule hinter sich und den ganzen Mittag die Kühe beim Pflügen die Furchen entlang geführt. Die Kühe, die mit ihrer Langsamkeit und ihrem wurstigen Gemüt Schuld daran waren, dass er nicht mit seinen Kumpels in den Wald konnte.

Pfarrer Hufnagel war vor der Messe mit sich selbst beschäftigt. Mesner Oswald hatte die Messdiener im Blick. Sie mussten leise sein und ordentlich das Chorhemd über den Talar ziehen. Am Kragen, der zum Schluss über die Schultern gelegt und vorne eingehakt wurde, musste der Mesner herum zupfen. Ruckartig zog er an dem Schulterlappen, um ihn zu glätten. Die Buben sollten seine Nähe spüren. Sie hatten Angst vor ihm. Manchmal fingen sie sich eine Ohrfeige, ohne zu wissen warum.

Die Messdiener und der Pfarrer hatten sich aufgestellt und traten in den Kirchenraum. Hannes zog an dem samtenen Seil der Sakristei Glocke und erschrak jedes Mal aufs Neue über die Schärfe ihres Klangs, der die Stille im Kirchenraum mit einem Schlag zerriss.

Die Leute standen auf, die Orgel setzte ein und erfüllte die Gläubigen mit einer feierlichen Festlichkeit, mit einem Gefühl von Würde, des Glücks, ja mit dem Gespür, seinem Herrgott ein ganzes Stück näher gekommen zu sein. Hannes schaute auf die Empore und sah den Schuster an der Brüstung stehen.

Hannes' Freund Klaus beherrschte die lateinischen Gebete der Messdiener. Hannes konnte sich nur die Anfangswörter vom Confiteor merken, betonte aber in der Mitte des Gebetes das »Mea culpa, mea culpa, mea maxima culpa«, das ihm geläufig war. Was damit gemeint war, wusste er Gott sei Dank nicht, denn die alltäglichen Gebete der Gläubigen trieften schon genug von Schuld und schlechtem Gewissen. Oder beim Gabengebet, dem »Suscipiat Dominus sacrificium« konnte Hannes nur ein Gemurmel bieten, das er versuchte, dem Klang der Aussprache anzugleichen. Hannes brummelte dann etwas in sich hinein, um zum Schluss des Gebetes die drei letzten Wörter zu treffen.

»Ecclesiae sual sanctae«, oder so ähnlich.

Hannes spürte des Schuster-Karls Augen auf seinem Rücken. Blicke, die sich seiner Gedanken bemächtigten, und er dachte an den gestrigen Abend.

Er hatte auf der Ofenbank in der Schusterwerkstatt gesessen. Die Vorhaut seines Penis war nicht über die Eichel gegangen und der Karl hatte ihn gedrängt, sie zurückzuschieben.

»Sonsd konnsde emol kø Kennä mache.«[106]

---

[106] »Sonst kannst du später keine Kinder machen.«

Das hatte weh getan und hatte Hannes die Eichel berührt, die klebrig und schmerzempfindlich war, war er zusammengezuckt.

Hannes dachte an seine Mutter daheim, die vor ihm stand, ihn anschaute, fragend, als ob sie wüsste, was beim Schuster los war.

In sich versunken kniete Hannes vor dem Altar. Sein Zeigefinger bohrte sich in die barocke Borde seines Chorhemdes. Ein Fädchen riss und der Finger suchte sich eine neue Herausforderung. Hannes kam wieder zu sich, als Klaus die Handglocke ergriff und zur Wandlung schellte. Am Ende der Messe folgte der Pfarrer den Messdienern in die Sakristei.

Mesner Oswald baute sich vor Hannes auf und schlug mit beiden Händen auf ihn ein. Um sein Strafgericht zu unterstreichen, nickte sein Schädel bei jedem Schlag wie der eines Zugpferdes und Schaumbläschen bildeten sich am rechten Mundwinkel.

»Die Bødde hoste kabudd gemøcht, du Däpp«[107], schrie Oswald. Sein Kinn ruckte nach vorne, der Kehlkopf sprang auf und ab, Blut flutete sein Gesicht.

Hannes war wie vom Blitz getroffen. Er fiel zu Boden. Tränen flossen. Oswald zog ihm das Chorhemd vom Körper und zeigte dem Pfarrer den Schaden.

Endlich durfte Hannes gehen. Gedemütigt und zornig trat er aus dem Seitenausgang der Kirche. Es war dunkel. Er nahm die drei Stufen mit einem Satz und zog den Eisenrost vom Schmutzschacht unterhalb der Treppe. Diesen Ausgang nahm der Mesner auf dem Nachhauseweg. Das wusste Hannes und hier sollte Oswald in den Schacht fallen und sich die Knochen brechen.

---

107 »Die Borte hast du kaputt gemacht, du Depp.«

In den Schacht gefallen war die Ordensschwester Adelgrund. Die Handarbeitsschwester.

Sie war dem Oswald zuvor gekommen. Außer ein paar blauen Flecken war ihr nur der Schrecken unter die Kutte gefahren.

Am gleichen Abend kam Oswald zu Hannes nach Hause. Vor dem Mesner verdrosch der Vater Hannes mit dem Riemen, um ihm seine Flausen auszutreiben.

1960 – Tauben, Hunde, Katzen, Hasen

Pferdebauer Ferdinands Tauben hockten oben auf dem First der Scheune. Sie gurrten, ruckten mit den Köpfen. Es kam einem vor, als würden sie sich aufgeregt unterhalten über die nächsten Aktionen, die sie gleich starten würden. Schnäbel fuhren unter die Flügel auf der Suche nach Läusen und Flöhen.

Hannes warf Steine auf das Scheunendach, um sie zu ärgern, sie zu verscheuchen. Flog eine auf, machten sich alle hinterher. Ein Zwang, dem keine widerstehen konnte. Und segelten sie über die Dächer, vermischten sie sich und formierten sich neu. Versuchte Hannes sie zu zählen, kam er immer durcheinander. Wie wenn sie ein Verwirrspiel mit ihm treiben wollten, trieben sie auseinander oder verschwanden hinter einem Baum. Sausten die Tauben im Sturzflug, wie zum Angriff über den Hof, duckten sich Hannes und Gregor und warfen ihre Arme über den Kopf. Die Vögel lachten sie aus. Wie ein Gelächter klang ihr Flattern und Glucksen beim Durchstarten ihres Fluges, um über das Scheunendach zu kommen. Manchmal landeten die Tauben im Hof und stolzierten umher in der Hoffnung, ein paar Samen und Körner zu finden. Hannes rannte dann mitten in die Schar, um sie zu erschrecken und zu vertreiben.

Hannes und Gregor legten ein Getreidesieb vor das Scheunentor. An der einen Seite hoben sie es an und stellten einen Stecken darunter. Daran banden sie eine Kordel fest. Hannes verteilte eine Handvoll Körner auf dem Hof und legte eine Spur, die unter das Sieb führte. Mit Gregor hockte er sich hinter das Scheunentor, mit einem Auge am Bretterspalt. Die Buben sehnten die Tauben herbei. Fast verrückt wurden sie, als die Tauben im Anflug waren und von einem Kuhgespann verscheucht wurden, das sich am Hof vorbei mühte.

Dann segelten ein paar Tauben in den Hof. Zwei gleich vor die Vogelfalle. Hannes hielt die Schnur in der Hand und wagte nicht zu atmen. Die beiden Vögel pickten sich den Körnern entlang unters Sieb. Hannes ließ die Falle zuschnappen und eilte aus dem Versteck. Gregor stopfte die beiden Vögel in einen Kartoffelsack. Sie machten sich auf den Weg zum Schuster. Karl würde die Tauben schlachten.

Die Jungen hatten sich im Wald ein Lager gebaut. Dort über dem Feuer wollten sie die Vögel braten. Gregor hatte selten Schuhe zum Schuster gebracht. Er mochte ihn nicht, weil der so komische Witze machte. Gregor war das peinlich. Jetzt ging er mit dem Sack Tauben über der Schulter Hannes hinterher. Karl mit einem Grinsen im Gesicht empfing die Jungen in der Küche.

»Un, hots geklabbt?«[108]

Gregor hielt Karl den Sack hin. Der griff vorbei, um dem Buben in den Schritt zu fassen. Gregor schreckte zurück, ließ den Sack fallen und stellte sich hinter den Tisch.

»Jetz beste erschrocke, gäll«[109], lachte der Schuster. Karl ließ Hannes keine Ruhe, drängte ihn, Gregor wieder mitzubringen, und hielt ihn an, Sexspiele mit ihm zu machen.

»Un Hannes, søid ihr wärrä ins Gebüsch. Hot de Gregor endlisch mitgemøcht?«[110], fragte Karl jedes Mal, wenn er mit seinem Freund unterwegs gewesen war.

---

[108] »Und hat es geklappt?«

[109] »Jetzt bist du erschrocken, was?«

[110] »Seid ihr wieder ins Gebüsch. Hat der Gregor mitgemacht?«

Hannes schämte sich vor Gregor. Sie fingen keine Tauben mehr. Gregor ging nie mehr mit zum Schuster.

Die Hundehütte stand unter dem Scheunenvordach im Schusterhof. Gestern Abend hatte die Hündin drei Junge geworfen, hatte sie abgeleckt und fein säuberlich die Nachgeburt aufgefressen. Nun hatten sich die drei, blind wie sie waren, zu einem Kuschelhaufen ineinander verschlungen. Hannes tauchte mit dem Kopf in die Hütte, nahm ein Hundejunges, ging hinüber zum Stall und warf das zappelnde Tier mit aller Wucht an die Mauer. Hannes erschreckte bei dem Geräusch, das er nicht mehr aus seinem Kopf bekam, wenn das Junge an die Mauer klatschte und auf den Boden fiel.

Hannes holte noch eines aus der Hütte und wiederholte den Vorgang. Er legte die toten Körper in einen Eimer und stellte ihn in den Stall. Karl war mit dem Muttertier in den Garten gegangen und hatte Hannes aufgetragen, zwei Welpen zu töten. Die letzte Woche hatte Hannes schon drei neu geborene Kätzchen an die Mauer geworfen.

Daheim besorgte das der Vater und begrub die Katzenjungen im Wald.

Mit den Hunden und Katzen, die in seiner Hand zappelten, hatte er Mitleid und es ging Hannes schlecht hinterher.

Seine Katze daheim liebte er über alles. Und war er krank, kam sie in sein Bett und tröstete ihn.

»Siste, disch konn mä brauche«[111], sagte der Schuster, als er aus dem Garten kam, und Hannes war stolz, dass er sich überwunden hatte.

Es kam vor, dass der Schuster einer Häsin mit einer Kordel den Schwanz hoch band und sie vom Rammler vergewaltigen

---

111 »Siehst du, dich kann man gebrauchen.«

ließ. Karl grinste bei dem Akt. Hannes tat die Häsin leid. Für Hannes war es ein Sport, Mäuse zu zertreten, wenn auf dem Acker der Pflug die Schollen drehte und die Höhlen und Nester der Mäuse freilegte. Die Buben schossen mit ihrer Schleuder auf Spatzen und freuten sich, wenn einer vom Baum fiel.

Ottmar kletterte hoch hinauf in eine Kiefer und holte ein Rabenjunges aus dem Nest. Hannes beneidete ihn, wenn er Wochen später mit dem zahmen Raben auf der Schulter durchs Dorf schritt.

1960 – Der Klobenvitus

Zum Fußballtraining holte Hannes Gregor von zu Hause ab. Direkt hinter den letzten Häusern von Heurich lag der Hartplatz des Fußballvereins. Der Verein hatte sich eine Flutlichtlampe geleistet, die es gerade so schaffte, ein duseliges Licht auf den halben Platz zu werfen. Jetzt konnte auch im Herbst und im Winter abends trainiert werden.

Hannes, etwas gedrungen, pfeilschnell auf den ersten Metern, der Kopf im Kampfmodus, reckte sich am runden Buckel nach vorne. Er verausgabte sich im Training, als würde er gegen die Treter von Bucheck spielen, die auf der anderen Seite des Wolfsbuckels ihr kümmerliches Dasein fristeten.

Hannes spielte in der Mannschaft den Mittelläufer, warf sich in jeden Ball, köpfte, grätschte und schrie sich auch mal seinen Frust aus dem Leib. Am Ende des Spiels war Hannes immer ausgepumpt, verschwitzt und die Knie waren blutig. Sein Freund Gregor kam schwer ins Schwitzen. Schlank und erhaben, das Kinn gehoben, hatte er das Spielgeschehen im Blick. Gerade, wie mit einem Stecken im Kreuz, schritt Gregor wie eine Diva über den Platz. Er war ein guter Techniker, der mit einer Körpertäuschung den Gegenspieler ins Leere laufen und den tödlichen Pass spielen konnte. Aufgeschlagene Knie und geschundene Oberschenkel kannte Gregor nicht. Nach dem Training schlichen sich Hannes und Gregor durchs Dorf.

Die Nacht war über die Ortschaft gekommen und hatte die Höfe in den Schatten gestellt. Wägen, Ackergeräte und das ganze Kleinzeug, das für die alltägliche Arbeit gebraucht wurde, war im Dunklen der Schuppen verschwunden. Die Männer verriegelten Ställe und Scheunen, zogen sich ins Innere der Häuser zurück und ließen sich an den Tischen zum Abendessen nieder. Ein paar Straßenlaternen sprangen an und stellten Lichtkegel auf die Kreuzungen, vor die Kirche, die Schule und vors Rathaus. Gassen und Pfade blieben meist vom Licht verschont. Die mit einer Funzel beleuchteten Fenster der Küchen hingen lose in der Nacht.

Hannes und Gregor hatten ihre Taschenlampen im Anschlag. Sie nutzten die finsteren Pfade und Ecken des Dorfes und schlichen zum Klobenvitus. Klobenvitus' Hof lag friedlich und stumm. Durch das Küchenfenster sahen sie den Vitus am Tisch sitzen und vespern. Hannes und Gregor versteckten sich hinter einem Kirschbaum auf der gegenüberliegenden Seite des Weges. Sie blinkten mit ihren Taschenlampen in die Küche, um Vitus zu locken. Es blieb ruhig. Plötzlich ging das Licht aus. Gregor stieß Hannes den Ellbogen in die Rippen. Der Klobenvitus war nun unterwegs. Er würde angreifen. Dann nahmen sie sich den Raum daneben vor. Die Lichtkegel der Lampen kreisten in Vitus' Schlafzimmer und brachen sich an den Wänden und dem Kleiderschrank. Die Buben platzten fast vor Anspannung. Unterdrückte Jubelschreie und Schiss in der Hose hatten sich zu einem explosiven Gemisch verdichtet. Und sie starrten zur Sandsteintreppe, die mit ein paar Stufen zur Haustür hinführte. An ihren Kanten lief ein Lichtstreifen entlang. Und schon sprang der Klobenvitus wie ein Schatten aus dem Dunkel seines Hofes.

»Ihr Sakremend, ihr värräckde. Isch kriesch eisch«[112], schrie er.

»De Vidus kömmd, de Vidus kömmd«[113], rief Gregor und die beiden Buben stoben auseinander und wurden von im Dunkeln liegenden Schuppen verschluckt. Der Klobenvitus

---

112 »Ihr Sakrament, ihr verreckte. Ich kriege euch.«

113 »Der Vitus kommt.«

hatte schon manchen Übeltäter gegriffen und versohlt. Der Vitus gehörte für die Kinder zu den paar Alten in Heurich, die sie ärgerten. Über ihn zogen die Leute her und erzählten sich krumme Geschichten.

»Der ställd e Kisde hinner søi Kuh un hockeld se un schehmd sich ned«[114], wusste der Schuster zu erzählen. Der Klobenvitus war ein Verschrobener. Ein schweigsamer Mann, der zurückgezogen lebte. Eine Frau hatte es in seinem Leben noch nie gegeben. Den Hof verunglimpften die Leute als »Ghöck«[115] und »Saustall«. Nur die Krankenschwester Apollonia schaute jede Woche mal bei ihm vorbei.

Der Vitus war im Frühjahr der Letzte beim Aussäen und im Herbst der Letzte beim Ernten. Da war es keine Seltenheit, dass er nach Allerheiligen seine Runkelrüben nach Hause brachte. Da fuhren schon die ersten Fröste in den Boden und der November schickte Regen und Schnee übers Land. Jeden Morgen stieg der Vitus in seinen Blaumann, der die ganze Nacht vor seinem Bett ausgeharrt hatte. Vitus balancierte, um mit den Füßen die Hosenbeine zu treffen. Einfach war das nicht, denn in den Hosensäckeln waren Werkzeuge aufgehoben, die er jeden Tag zur Hand haben musste. Der Stoff war steif und gut gestärkt durch die Nähe zu seinen Viechern, durch das Misten und Füttern, das Ölen und Schmieren von Achsen und Gelenken oder durch den Kontakt mit sonstigen Utensilien des täglichen Lebens. Die Hände rieb er an der Hose ab, die als Lumpen diente. So war das Kleidungsstück von oben bis unten verdreckt. Die Hosenbeine zu kurz. So war zumindest die Dorfmeinung.

---

[114] »Der stellt eine Kiste hinter seine Kuh und kopuliert mit ihr.«

[115] Ghöck: Nicht mehr taugliches Gerümpel

»Die Hochwasserhose schdoäd vor Dräck un schdehd nøchds näwwä søim Bädd«[116], hänselten die Dörfler. Sogar die klobigen Schuhe, die dem Vitus bis über die Knöchel reichten, konnten den unteren Rand der Hosenbeine nicht erreichen. Zur Sonntagsmesse hatte er sich zurechtgemacht. Die Haare, eingefettet glänzten wie die schwarz gewichsten Schuhe. Er kam in seinem besten Anzug daher. In der Wirtschaft hatte der Alois den Vitus wegen seiner zu kurzen Hosen aufgezogen. »Di Bøh weid duischgeschdäckd, die Bøh weid duischgeschdäckd«[117], musste der Alois ein paar Mal sagen, weil er seine Sätze nicht anhalten konnte. Alle Luft strömte dem Alois beim Stottern aus dem Leib. Die letzten Silben presste er aus sich heraus, bis nur noch ein Piepsen zu hören war. Fix und fertig saß er dann auf dem Stuhl und konnte das Wegsehen und Mitleid der Leute nicht ertragen. Der Klobenvitus hatte schon zu einem Schlag ausgeholt und sich dann doch besonnen. Er schüttete sein Bier in sich hinein und ging nach Hause.

---

116 »Die Hochwasserhose starrt vor Schmutz und sie steht nachts neben seinem Bett.«

117 »Die Beine sind weit durch die Hosenbeine gesteckt.«

Missbrauch

Lederduft, schwere Luft
Fordern auf zum Bleiben
Freundlichkeit und Herzlichkeit
Werfen ihre Krallen
Kinderherz in Weh und Pein
Ist schon längst verloren

1960 – Buben im Bett

Ottmar und Hannes setzten sich in der Schusterwerkstatt auf die Bank, die an der Wand neben dem Ofen stand. Karl ging hinaus und verriegelte Hoftor und Haustür. Es war acht Uhr abends. Kundschaft würde nicht mehr kommen.

»Komm, mir mache oner«[118], sagte der Schuster, während er mit den Daumen seine Hosenträger von den Schultern hob und sie wie Spanngurte nach unten schnappen ließ. Die Hose rutschte auf die Dielen. Karl stieg mit nackten Beinen aus dem groben Kord, der nun wie ein zu Boden geworfener Adlerhorst nieder lag und bis zum nächsten Morgen auf seinen Träger warten würde.

Haare. Fasern eher, sahen die Buben, die in bleicher Haut stakten. Die sich krümmten, wie winzige Drähte. Sich verdichteten zum Schritt hin, bemüht, die geäderte Oberfläche zu überwuchern.

Auf einem Schemel harrte eine Waschschüssel, die weiß emailliert, von einem blauen Rand umrundet wurde. Karl spreizte die Beine, knickte die Knie und brachte sein Gehänge über dem Wasser in Position.

Auf der Fläche spiegelte sich der Geruch von etwas Verdorbenem. Spiegelten sich Schwellkörper, die sich mit Blut füllten, prall mit einem Hunger, einem Drang da hineinzustoßen, was der Wollust ein Knecht war.

Hoden und Schwanz wusch Karl mit einer Hand, um sich in Rage zu kneten. Die andere hielt das Hemd auf Nabelhöhe. Ein Schauspiel vor den stummen Buben, seine Reinlichkeit zu demonstrieren, sich reinzuwaschen vielleicht, von Zweifeln,

---

118 »Kommt, wir gehen ins Bett miteinander.«

die bei ihm nur wie eine flüchtige Ahnung tief in seinem Inneren lagerten.

Ottmar und Hannes wussten: Es gab kein Entrinnen. Karl, der Kirchgänger, mit einem Stammplatz auf der Empore, nahe der Orgel, mit kräftigem Bass bei den Liturgiegesängen und Kirchenliedern.

Karl, der die Buben anhielt in die Messe zu gehen, um den katholischen Glauben zu festigen.

Karl balancierte jetzt auf Zehenspitzen und gebärdete sich wie ein Hanswurst. Den etwas gedrungenen, überfressenen, mit wulstartigen Ringen um den Bauch bestückten Alten hätten die Buben leicht mit samt seiner Terrine umstürzen können, hinein in die zur Brühe gewordene Wasserlache.

Karl hatte ihnen Pornoheftchen gegeben. Ottmar und Hannes starrten auf Bilder, die ihnen den Atem stocken ließen, die zählebig für immer ihren Platz in ihren Gedanken behaupten würden.

Die das strikt Verbotene missachteten.

Die ihre Schamgegend verkrampfen ließen.

Diese Fotos, widerlicher Abschaum und fesselndes Abenteuer zugleich, kamen wie eine Flut über die Buben. Linkisch stülpten sich die Bilder über ihre Sinne, schärften den Blick fürs Verbotene. Sie verdrängten den Ekel, der in ihrem Inneren in einem Versteck hauste, der aber nach dem Akt mit aller Gewalt über Hannes und Ottmar kommen würde.

Die Stube lag im Trüben. Eine Luft schlug ihnen entgegen, in die sie hineinsteigen mussten. Erst mal den Atem anhielten, dann durch den Mund atmeten, um den schwülen, bleiernen Gestank nicht in die Nase zu kriegen. Ausgezogen dirigierte sie der Schuster in sein Bett, bis sie rechts und links von ihm zu liegen kamen.

Es war ein eingeübtes Ritual von Anfassen und Streicheln.

»Oh, wi schö. Komm, du däffsd misch ohlønge. Komm.«[119] Das Wort »komm« hauchte der Schurke in einer weichen Zärtlichkeit. In einem gefährlichen Singsang.

Die Buben lagen starr und ausgestreckt.

Ihre Arme dicht am Körper.

Und irgendwann, aufgeweicht vom Bedrängt werden, der letzte Hauch von Gegenwehr hatte sich bei den Buben verflüchtigt, vergewaltigte er die Knaben.

Ließ sich kopulieren.

Der Schmerz beim Eindringen vollführte bei Hannes einen Tanz zwischen Lust und Ekel, der das Riechen und Schmecken ignorierte, der aber ins Bewusstsein sprang, wenn Karl sie küssen wollte. Angewidert bogen die Buben den Kopf nach hinten, drehten das Gesicht in die Kissen. Der Magen fing an zu rumoren.

Und ergoss sich seine Gier in die fügsamen Körper und befleckte die Laken, lagen zwei Jungen ausgepumpt und schmutzig im Bett des alten Mannes.

Die puren Schmerzen der Vergewaltigung blafften ins Bewusstsein.

»Komm, komm. Schö woäs, gäll, schö woäs«[120], brummte der Vergewaltiger in seinem Glück.

In Mund und Nase der Buben schlug der Gestank von Scheiße und Sperma.

Das Atmen fiel ihnen schwer am nie gelüfteten Tatort.

Hannes und Ottmar flohen aus dem Bett, zerrten Hemd und Hose über sich, für das Binden der Schuhe blieb keine Zeit und rannten aus der Kammer in die Nacht hinaus. Der

---

119 »Oh, wie schön. Komm du darfst mich anfassen. Komm.«

120 »Komm, komm. Schön wars. Was? Schön wars.«

Beglückte hätte sie noch gerne die ganze Nacht bei sich gehabt, ihnen ein Stück Dankbarkeit abgerungen. Eine Huldigung für seine Hingabe und das Geschenk der Lust, an dem sie teilhaben durften. Die Kinder Hannes und Ottmar stützten sein Gerüst von Lug und Trug, krochen ihm zu Kreuze mit ihren verschlossenen Mündern.

Ihrem Schweigen.

Und er las in ihren Augen eine Ehrfurcht, ein Staunen.

Über das nicht Vorstellbare.

So wie jedes Mal.

Sie würden wiederkommen.

Freiwillig, so würde man ihnen später vorwerfen können.

Selber schuld, würden die Gerechten feststellen.

Draußen knallte das Eisentor auf den Anschlag am Pfosten, als wollte es sie verraten, vertreiben.

Ottmar rannte in die Dunkelheit, um der Schande entrinnen zu können.

Hannes ging Pfade ums Dorf herum, auf denen er jede Unebenheit kannte. Ging langsam, dass das Rinnsal aus dem noch lecken Anus, das die Beine hinunter kroch, nicht auch noch in den Schuhen endete.

Würde zu Hause jemand an der Tür stehen?

Würden Vater oder Mutter, die manchmal in der Nacht im Haus umherirrten und ihren Schlaf suchten, mit der Frage ihn empfangen: »Wo kömmsten du her, wo?«[121]

Doch die Eltern waren nicht da. Sie waren nie da, wenn ihr Sohn in Not war. Er sich mit seinen fadenscheinigen Lügen herausredete. Er, ein Lügensohn, der sich mit seinen dreizehn Jahren der Familie immer weniger zugehörig fühlte. Sein

---

121 »Wo kommst denn du her?«

Zuhause, das eher zu einem Unterschlupf geworden war, ein Versteck für den, der Schande über die Familie gebracht hatte.

Und doch ungebrochen die Sehnsucht nach der Mutter. Hannes schlich sich in die Waschküche, säuberte sich und tupfte die wunden Stellen.

Endlich im Bett betete er zu seinem Herrgott und versank mit einem schmutzigen Leib in seiner Schuld.

13. November 1960 – Volkstrauertag
Die Feier am Kriegerdenkmal

Die Dorfblech spielte gut gemeinte Akkorde und versuchte der Feier eine traurig festliche Stimmung zu geben. Eine Wolkendecke lag über dem Land, die in Bewegung war. Dunstfetzen fuhren ineinander, türmten sich auf, verknoteten sich, drohten und tauchten den Himmel in ein tiefes Schwarz. Der Nieselregen legte sich auf die Menschen, trug die Töne tief ins Gemüt und ließ die Toten auferstehen, deren Namen nach den beiden Weltkriegen in die Sandsteinplatten geschlagen worden waren. Die Last der Erinnerung lag auf den Schultern der Trauernden. Vor dem Kriegerdenkmal standen der Pfarrer und die Messdiener. Daneben die Träger der Standarten. Jeder Ortsverein mit seinen ureigensten Fahnen und Wimpeln hielt stolz seine Symbole in den Himmel.

Das ganze Dorf war versammelt.

Das Kriegerdenkmal: Sankt Michael überlebensgroß als Soldat mit Helm, Rüstung, Schild und Schwert und einem kantigen, forschen Gesicht. In Stein gehauen. Den Fuß auf dem Kopf eines Drachen.

Gefallen für das Vaterland, war in den Sockel gemeißelt.

Pfarrer Hufnagel erhob seine Stimme. »Wir trauern um unsere lieben Gefallenen und Vermissten der beiden Weltkriege und gedenken derer, die nach den Jahren der Gefangenschaft heimkehren durften. Viele unter euch waren noch Kinder, die ihren Vater nicht kennenlernen durften oder er war ein Fremder geworden, als er nach Hause kam. Ein gebrochener, der die Schrecken des Krieges in sich trug. Mütter, die ihre Söhne, Frauen, die ihre Männer verloren, ertrugen schweres Leid und doch musste es weiter gehen hier im Dorf. Weiterhin gedenken wir aller Opfern des Krieges und der Verbannung, dass es uns eine Mahnung sei und dass wir einstehen für den Frieden und die Versöhnung.« Der Pfarrer nickte zur Blaskapelle hinüber. Der Trompeter nahm Haltung an, richtete sein Instrument auf den in Stein gehauenen Sankt Michael und spielte: »Ich hatt′ einen Kameraden.«

Jakob kaute auf seiner Zunge, scheuerte mit den Zähnen. Er war mit den Gedanken ins Feld vor Minsk zurückgekehrt. Vierzehn Kameraden waren gefallen, im Herbst 1941. Seine Kompanie hatte um einen Grabhügel gestanden und dieses Lied gesungen. Männer aus Stahl. Stimmbänder rieben wie Granit aneinander. Der Takt wie im Stechschritt. Der Gesang wie Wellen, die brandeten und brachen, schäumten und sich übergaben. Die Melodie fuhr Jakob in den Magen und er heulte in sich hinein.

Der Pfarrer verlas die Namen, der in Stein Gemeißelten und weckte die Krieger von den Toten auf.

Sie erschienen denen, die sie vermissten, sie kannten.

Die von den Faschisten 1942 aus ihrer Heimat Entführten Tamara und Mischa standen auf dem Kirchplatz. Sie hatten ihre Heimatstadt Minsk vor Augen, fassten sich an den Händen, kneteten sie und drückten ihre Töchter Elisabeth und Marlene an sich. Wie Bäume, die sich gegen ein Unwetter stemmten, so standen sie inmitten der Trauernden. Die Familie drängte zueinander und sie hielten sich.

Wie eine Walze waren die Deutschen 1941 über ihr Land gekommen. Über Minsk. Mörderbanden waren das, die ihre Verwandten und Freunde massakrierten. Dorf für Dorf niederbrannten.

Tamara und Mischa erinnerten sich, wie sie im Frühjahr 1942 in Viehwaggons gepfercht nach Deutschland geschafft wurden.

Hier vor dem Kriegerdenkmal wurden diese Sadisten geehrt und beweint. Am Leben gehalten.

Tamara lehnte sich an Mischa, um nicht zu fallen, dem Orkan zu trotzen, der nach Lust und Laune mit Bäumen um sich warf. Doch ihre Wurzeln waren gewachsen im Dorf mit der Zeit, mit jedem Streit, mit jeder Begegnung schlugen sie sich tiefer in die Erde.

Tamara und Mischa hatten Mut gesammelt. Sie würden bleiben.

Hannes war als Messdiener eingeteilt. Vier Ministranten in rot-weißer Kluft schritten beim Auszug aus der Kirche dem Pfarrer voran. Der Mesner hatte Hannes das Weihrauchfass anvertraut. Stolz pendelte er das laternenähnliche Gefäß vor seinem Bauch, um den Harzklumpen am Glühen zu halten. Seinen Vater sah Hannes von Männern umringt. Ganz außen erkannte er den Schuster Karl. Hannes erschrak, als er den Vater in der Nähe von Karl stehen sah. Die Mutter stand bei den Frauen und sah zu ihm herüber. Traurig schaute sie aus. Sie machte sich bestimmt Sorgen um ihn.

Der Mutter versuchte er daheim aus dem Weg zu gehen. Ihr Blick traf ihn manchmal, blieb an ihm haften. Kannte sie sein Geheimnis, das ihn mit dem Schuster verband? Hannes floh vor ihr, rannte hinaus ins Freie und fühlte sich doch zu ihr hingezogen. Sein Vater hielt nichts von Karl und machte sich über ihn lustig:

»Scho in de Schull woärä scho immer de Dabbes, un mid de kløne Buwe horer Fussball gespilld. Wøs wellsden von dämm wøs, he?«[122]

---

[122] »Schon in der Schule, war er schon ein Depp. Mit den kleinen Buben hat er Fußball gespielt. Was willst denn du von dem?«

Schon war Hannes mittendrin in den Schweinereien, die er mit dem Schuster trieb. Wurde hinein gesogen in diese Szenen des Bösen. Er drohte zu fallen, vor den Vater hin. Zu seinen Füßen. Endlich entdeckt worden zu sein und offen gelegt seine Lügen.

So stand Hannes vor dem Vater. Als Schande für seine Familie, den Freunden, fürs ganze Dorf.

Der Schuster hatte seine Eltern als Lügner entlarvt.

»Døin Vøddä hod disch ohgeloche. Do guck.«[123]

Und Hannes erinnerte sich, als der Schuster ihm Bilder zeigte, auf denen Frauen und Männer sich verrenkten, so wie er es noch nie gesehen hatte. Und der Abrahamskessel? Der Vater hatte ihn angelogen.

Hannes roch den Weihrauch und es wurde ihm schlecht. Schweiß trat ihm auf die Stirn. Er fror und hielt die Luft an, um den Schwindel weg zu drücken.

Der Regen wurde stärker. Schirme wurden aufgespannt. Die Gläubigen verschwanden unter schwarzem Stoff, der filigran über Streben und Kiele gespannt war. Segmente, aneinandergereiht, formten sich zu einem Gewölbe und schützte die Menschen vor der Nässe, die sonst durch den Wollstoff der Mäntel bis auf die Haut kriechen würde. Klamm und kalt.

Erna schluchzte auf, als der Pfarrer die Namen ihrer Söhne vorlas. Mit ihrem Mann Edmund kam sie gerade so über die Runden. Ein paar Hühner wühlten auf dem Mist und im Stall standen zwei Kühe und ein Schwein. Mit ihren sechzig Jahren wussten beide nicht, wie lange sie die Arbeit noch packen konnten. Wenn nur ihre Söhne heimgekehrt wären!

---

123 »Dein Vater hat dich angelogen. Hier schau.«

So ging es vielen im Dorf. In jedem Haus waren Herrgottswinkel in eine Stubenecke drapiert. Ein Kruzifix, Kerzen und Bilder der Gefallenen standen da beieinander.

Pfarrer Hufnagel sprach:

»Unser Schutzpatron Erzengel Michael verteidige uns im Kampfe! Gegen die Bosheit und Nachstellungen des Teufels sei unser Schutz. Wir singen das Lied im Ave-Maria mit der Nummer 350, *Unüberwindlich starker Held*«, und nickte zur Blaskapelle hinüber.

Karl mochte dieses Lied. Er war beim Feldzug »Barbarossa« mit der »Heeresgruppe Mitte« in den Osten gezogen. Und gerade bei den Liedfetzen:

»Zieh mit ins Feld ... Hilf uns hie kämpfen, die Feinde dämpfen, groß ist die Macht, groß ist dein Heer, groß auf dem Land, groß auf dem Meer. ...ach komm mit deiner Ritterschaft. Sankt Michael.«

Bei jedem Feldgottesdienst war dieses Lied vom Pfarrer angestimmt worden und hatte Kraft gegeben, weiter ins Feindesland vorzudringen. Und waren sie einmarschiert in erobertes Gebiet, brüllten sie das Westerwaldlied. Es war eher ein Siegesgeheul.

Als die Blechkapelle verstummte, kam Karl wieder zu sich. Verstohlen schaute er sich um, als ob die Menschen seinem Gesicht angesehen hätten, wie berauscht, ja mit welch einem Jubel und einer Freude er erfüllt war. Es fielen nur noch ein paar Regentropfen. Die Sonne brach durch die Wolkendecke und schlug eine Schneise zum Kirchenvorplatz hin. Die regennassen Flächen glänzten. Die Augen der Menschen wurden zu Schlitzen. Das Licht vertrieb die Schatten, verscheuchte die Nebelschleier, die durch die Menge streiften.

Die Strahlen der Sonne, zuerst scheu und schütter, wurden unbeschwerter. Mutiger. Beschienen die Trauernden, um in sie einzudringen. Sie aufzuwärmen. In ihnen eine Kerze anzuzünden für die Opfer im Osten.

Um ihre Herzen ins rechte Licht zu rücken.

Doch außer Tamara und Mischa dachte niemand an die Millionen massakrierten russischen Kinder, Frauen und Alten, beim Feldzug »Barbarossa« der Faschisten.

Sie wurden von den Menschen im Dorf nicht vergessen.

Sie waren in deren Bewusstsein gar nicht vorhanden.

Winter 1960 – Schlachttag

Schon morgens um sechs hörte man die Sau quieken. Sie war außer sich. Todesangstschreie. Männer hatten sie aus dem Stall gezogen. Mit einem Kälberstrick am hinteren Bein und einer Rute, die immer wieder auf sie niederging, wurde sie durchs Dorf zur Waage getrieben. Das Lebendgewicht bestimmte den Kaufpreis.

Großvater Arthur war vereidigter Viehwaagenbevollmächtigter. Als ihn in der Viehwaage der Schlag getroffen hatte, war seine Schwiegertochter Rita vereidigt worden. Beim Fallen war ihm der Viehwaagenschlüssel in den Stiefelschaft gerutscht und war nicht mehr zu finden gewesen. Erst nach wochenlangen Gebeten zum heiligen Antonius von Padua, dem Schutzheiligen des Dorfes, konnten wieder Kühe und Schweine gewogen werden. Der Heilige hing als gesticktes Bild über dem Bett des Großvaters. Im Rahmen versteckt war ein Aquarell von Hermann Göring. Dieser alte Nazi-Schurke war ins Gebet mit einbezogen und half bei der Suche.

Hannes holte den Faschisten immer mal wieder aus dem Rahmen und betrachtete den Fremden. Erwischen lassen durfte er sich dabei nicht. Die Alten schimpften. Entsorgt wurde er nicht. Göring erinnerte sie an die große deutsche Zeit.

Dann ging es ganz schnell. Der Metzger, in Stiefeln und mit einer weißen Gummischürze angetan, setzte das Bolzenschussgerät an die Stirn der Sau. Ein Schuss und schon drückte er sein Knie auf ihren Hals, um den gestürzten, zuckenden Leib zu fixieren. Die Messerklinge fuhr sicher und leicht durch die Gurgel. Der Metzger fasste eine Haxe der Sau und pumpte mit ihr, wie mit einem Brunnenschlegel. Das Blut pulsierte in eine Schüssel.

Die Sau, mit einem Loch im Kopf, wurde von den Männern ruckartig, mit einem »uuund jetzt« über eine Leiter gezogen, die als schiefe Ebene taugte, um die ermordete Kreatur über den Rand eines Holzbottichs in das siedende Wasser zu werfen. Das Schwein wurde geschwenkt und gebrüht. Die Borsten mit Trichtern aus Stahlblech abgeschabt. Sie hatten die Form der Petticoaträckchen von Barbiepuppen und waren messerscharf. Hing die Sau im Scheunentorgebälk am Haken, wurde sie mit einem sauberen Schnitt geöffnet und ausgenommen. Der Metzger trug Arme voller Gedärme zum Misthaufen und stülpte sie um. Danach wusch er sie im heißen Wasser aus.

Emil, der Fleischbeschauer, begutachtete Lunge, Herz und Milz, drückte den Stempel aufs tintenbleigetränkte Stempelkissen und hieb das Amtssiegel auf die Schwarte der Sau.

Emil war groß gewachsen. Im Gesicht ein Grinsen, das etwas gequält den rechten Mundwinkel nach unten bog. Man unterstellte ihm ein linkisches, schadenfrohes Naturell. Auf Rita hatte er es abgesehen. Wahrscheinlich mochte er ihre zierliche Gestalt.

»Ist das Weibsbild klein und frech. Armer Mann, hast du ein Pech.« Immer wenn Emil ihr begegnete, hatte er den gleichen Spruch drauf.

»Kleine Leut hat Gott erschaffen. Große Leut sind Maulaffen«, konterte Rita und Emils Mund formte sich zu einer Schnute. Beleidigt suchte er das Weite.

Mit einem Beil hackte der Metzger am Rückgrat entlang, das Gerippe mitten durch. Das Messer fuhr durch die Schwarte und teilte die Sau in zwei Hälften. Jetzt konnten tragbare Fleischstücke abgeschnitten und im Waschkessel gekocht werden. Das Blut im weißen Emailleeimer rotierte.

Hannes schlug mit dem Holzlöffel einen Wirbel, der wie eine Windhose zum Eimerboden hinabtrudelte.

Der Schaum auf der dickflüssigen Brühe verriet die Ernsthaftigkeit und die Verantwortung, die Hannes als Dreizehnjähriger zu tragen hatte. Mit einem Strahlen im Gesicht kam er seiner Arbeit nach. Hannes würde den Gerinnungsprozess des Blutes verhindern. Versagte er, müsste die flockig gewordene Brühe auf dem Misthaufen entsorgt werden. Es gäbe keine Blutwurst, keinen Schwartenmagen. Was einer Katastrophe gleich käme.

Vesperpause: Auf dem Küchentisch stand ein Topf mit Kesselfleisch, in einem Körbchen frisches Brot, in einer Schale ein Salz-Pfeffergemisch und im Zentrum der Tischplatte, wie ein Kirchturm, stand eine Flasche Williams Christ. Schnapsgläschen standen um die Flasche herum. Nun wurde es gemütlich. Die schwerste Arbeit war getan. Die Mägen der HelferInnen wurden mit Brot, Fleisch und sauren Gurken gefüllt und mit Kaffee, Apfelwein und Schnaps begossen.

Ein Käsekuchen rundete das Mahl ab.

Die zerlegte Sau wurde in Därme, Gläser, Dosen abgefüllt. Ganze Stücke davon in die Salzlauge gelegt. In diese Salzlauge wurde Fleisch gelegt und mit Steinen beschwert, um es haltbar zu machen. Das Fass wurde mit einem Holzdeckel verschlossen.

Die Schinken am Fleischerhaken in die Räucherkammer gehängt. Die Nachbarschaft bekam eine Kanne Wurstsuppe ab.

Hannes wurde vom Großvater mit einem Presssack zu seinem Schafkopffreund Pfarrer Hufnagel geschickt, mit dem Schwur ja nichts der Großmutter davon zu sagen. Von der Großmutter mit dem gleichen Schwur auf den Weg befohlen, nichts dem Großvater zu verraten, brachte Hannes Koteletten und ein paar Blutwürste zu den Ordensschwestern.

Frauen, die ihre Tage hatten, durften nicht mit den bloßen Händen in die mit Salzlauge gefüllten Holzfässer greifen, die im Keller standen, sonst würde diese »kippen«, also schlecht werden, stinken und das Fleisch verfaulen.

Hannes

Bei Lehrer Wagenhöfer sackte das Blut aus dem Kopf ins Innere seines Körpers. Muskeln und Fettgewebe fielen in die Gräben und Buchten des Schädels. Nase und Jochbein standen wie bleiche Höcker im Gesicht. Die Augen starrten aus tiefen Höhlen.

Noch kurz davor hatte sein Gesicht und die Glatze, praktisch der ganze Kopf, in den Farben des Zorns geleuchtet. Jetzt war er aschfahl geworden. Es bildeten sich Tröpfchen auf der Haut, die das Licht der Sonne brachen und so klitzekleine Perlen zauberten. In den Armen, die wie Pfosten auf dem Pult standen, hing schwer sein Leib, der die aufrechte Mitte verlassen hatte und zu wanken begann.

Hannes, der seinen Platz als Fünftklässler in der vordersten Bank hatte, war erschrocken, als des Lehrers Kopf nach vorne fiel und sein »Plattkopp«[124] mit einem glänzenden Nass in den Raum strahlte.

Wagenhöfer hatte gerade zu einer Strafpredigt angehoben, als ihn der Schlag traf. Die Buben hatten in der Pause den Schürhaken im Ofen zum Glühen gebracht und das Eisen in die Dielen gebohrt, deren Fugen gefüllt waren vom Dreck aus hundertfünfzig Jahren. Rauchfähnchen stiegen noch aus den Löchern empor und stanken nach Leinöl und verbrannten Holz. Der Ofen musste im Winter zum Glühen gebracht werden, um nur einen Hauch von Wärme in das Schiff der ehemaligen Kirche zu bekommen, in der fünfzig Mädchen und Buben der Klassen fünf bis acht saßen.

Früher einmal hatten die älteren Burschen einen Eimer kaltes Wasser an das bollernde Gusseisenteil geschüttet und

---

[124] Glatze

Dampfschwaden waren durch den Saal gezogen. Der Ofen war in der Mitte fingerbreit aufgerissen und man konnte seitdem die Flammen in der Brennkammer lodern sehen.

Wagenhöfer hatte damals wahllos mit dem Stock auf die Jungen in den hinteren Bänken eingeschlagen.

Hannes kam in die Schule, da war er gerade sechs. Es überfielen ihn Kopfschmerzen, die über die Stirn ins rechte Auge hämmerten. Sie kamen während des Unterrichts, unverhofft und heftig. Einmal schrie er auf und erbrach auf dem Tisch. Der Auswurf war über seine Tafel gegangen und hatte den Griffelkasten abgefüllt. Die Migräneanfälle blieben ihm fünf Jahre erhalten.

In der Schule war Hannes eingesperrt, dem Lehrer ausgeliefert. Es war für ihn nicht auszuhalten, vier Stunden lang auf einem Stuhl zu sitzen.

Davor war Hannes drei Jahre lang im Kindergarten gewesen. Von seiner Mutter mit Ohrfeigen zu den verschleierten Ordensschwestern getrieben, konnte er im Hof der Kinderbewahranstalt den Sandkasten umgraben oder mit Ottmar und Gregor Fangen spielen. Und wenn es die Buben nicht mehr aushielten, war der Zaun kein Hindernis, über die Wiesen in den Wald zu entkommen oder auf dem Schuttabladeplatz nach Brauchbarem zu suchen. Im Klassenzimmer, an die Schulbank gezwungen, gab es kein Ausweichen. Hier war er dem Diktat der Alten ausgeliefert. Bis zum Ende der letzten Klasse fand Hannes die Schule zum Kotzen.

Vierzehn Jahre alt war Hannes geworden und hatte gerade die acht Klassen Volksschule überlebt. Und nun lernte er Maschinenschlosser im Betrieb für Traktorbau in Pfalzberg.

Was ein Schreiner, ein Schmied, ein Schuster war, das wusste Hannes. Unter einem Maschinenschlosser konnte er sich nichts vorstellen. Großvater Arthur war Wagner gewesen. Da gab es noch einen Rest von Werkzeugen. Einen Hobel, ein Handbeil, einen Zimmermannshammer, eine Raspel; die Bügelsäge, das Schnitzmesser zum Entrinden und ein paar Stechbeitel hingen in der Werkstatt an der Wand. Diese Werkzeuge hatte Hannes gekannt und auch heimlich damit herumprobiert. Erwischen lassen durfte er sich nicht, denn dem Großvater war sein Handwerkszeug heilig gewesen.

Werkzeug und gar Maschinen für Eisen und Stahl waren Hannes fremd. Eine Dreikantfeile kannte er. Mit der schärfte der Vater die Bügel- oder Drummsäge.

Hannes wäre viel lieber Schreiner geworden.

Der Zinken-Philip schuftete im Traktorenwerk in der Gießerei und nahm Hannes in seinem VW-Käfer mit zur Fabrik. Brunhilde, Philips Tochter, hatte ihm die Tür aufgehalten und die Rückenlehne des Beifahrersitzes nach vorne geklappt. Ein Mädchen, umweht von einem Duft, der Hannes Hirn und Herz überlaufen, ihn fast schwindelig werden ließ. Ihr Parfüm unterlag tagtäglich den Ausdünstungen von Berthold und Fritz, die den typischen brunzigen Altmännergestank mit ins Auto brachten. Eingeklemmt saß Hannes zwischen beiden Stinkern auf der Rückbank.

Für den ersten Lehrtag hatte Mutter Rita drei Kanten Brot, ein Stück Hausmacher Presssack und eine Flasche gespritzten Apfelwein in seine Tasche gepackt. Hannes war noch nie ohne seine Mutter in Pfalzberg gewesen. Die zwölf Kilometer in die Stadt ließen den Stein in seinem Magen schwerer werden und er fühlte sich mit seinem Haufen Sorgen wie abtransportiert.

Fritz und Berthold lieferten ihn beim Pförtner ab.

Mensch, da saß ja der Schnappisch-Heiner aus Heurich im Glaskasten. Im Krieg hatten die Franzosen ihm ein Bein weggeschossen. Hannes ging Heiner, dem alten Grantler, immer aus dem Weg, wenn er mit seinem verknitterten Brebelsuppengesicht[125] sein Holzbein durchs Dorf schleifte.

Hannes stellte sich zu dem Haufen Jungen, die neben dem Pförtnerhäuschen standen. Es kam ihm vor, als ob an den Dächern der Werkhallen die Wolken hängen blieben. Dazwischen Straßen, die breiter waren als die in Heurich. Irgendwann liefen sie einem Mann mit grauem Kittel hinterher. Durch Schluchten, die wie von Kirchenschiffen gesäumt waren. Endlos. Jede Halle lärmte. Motoren heulten. Eisen schlug auf Eisen. Gusseisengestank hing in der Luft. Dazwischen sausten die Gabelstapler. Durch eine Stahltür verschwanden sie in einem Bunker aus dem letzten Krieg.

»Zu den Spinden und zum Waschraum«, rief der graue Kittel. Hannes hatte sich in die Mitte der Gruppe gedrängt, die immer tiefer in diesen nasskalten, von Neonlicht gefluteten Betonwürfel eintauchte. Wände, Decken und der Boden waren aus Stahlbeton. Hannes sah die Maserung sägerauer Holzbohlen im Beton, der mit einem kalten Kalkweiß übertüncht war. Die ehemaligen Bunkerräume kamen ihm immer größer, gewaltiger, während er immer kleiner zu werden schien. Sie betraten einen Raum, in dem sich zwei Wannen aus weiß emailliertem Blech ellenlang ins Nirgendwo hinzogen. Darüber Eisenrohre, an denen Wasserhähne angeschraubt waren, die gelangweilt ihre Schnäbel in die Wannen reckten. Und weiter gings. Durch ein Stahltor, dessen Flügel an die Wand geschlagen waren. Die Jungen waren still geworden und strömten in den nächsten Raum.

---

125 Gesicht eines Nörglers

An den Wänden reihte sich Spind an Spind. In der Mitte des Raumes ein Block von grauen Blechkästen. Jeder trug eine Nummer. Auf Augenhöhe waren in den Türen der Schränke Lüftungsschlitze eingelassen und eine Halterung fürs Namensschild angebracht.

Hannes stellte sich die Kinder, Frauen und alten Männer vor, die bei heulenden Sirenen hier Schutz suchten, ausgeharrt hatten, während Bomben die halbe Stadt in Schutt und Asche legten. Das war nicht einmal zwanzig Jahre her.

Endlich draußen, blendete sie die Sonne und sie hielten sich die Hände vor die Augen.

Und später in der Kantine gabs ein Mittagsessen. Blumenkohl, Kartoffeln und gekochtes Rindfleisch. Hannes beobachtete die Jungen an seinem Tisch. Er hatte noch nie mit Messer und Gabel gegessen. Daheim beim Mittagsessen lag ein Löffel für die Suppe und eine Gabel fürs Gemüse und den Brocken Fleisch am Teller, den die Mutter unter der Familie aufgeteilt hatte. Die Buben kamen aus der Stadt, in der die Firma angesiedelt war, und aus Arbeiterfamilien des näheren Umkreises. Engelbert fiel Hannes auf, der auch etwas verloren vor seinem Teller saß, der viergeteilt war. Das Fleisch, das Gemüse, die Kartoffeln und die eingelegten Birnen als Nachspeise lungerten säuberlich getrennt in ihren Abteilungen.

Engelbert kam wie Hannes aus einem Bauerndorf im Spessart. Am nächsten Tag saßen sie am Tisch nebeneinander.

Hannes schielte zum Nachbarn, wie der mit seinem Besteck hantierte. Wie sich bei ihm Messer und Gabel unterstützten, sich nicht in die Quere kamen. In der richtigen Hand gehalten locker leicht sich abwechselten. Schnitten und spießten wie abgesprochen, um die Speisestückchen eng am Körper mit der Gabel in den spärlich geöffneten Mund zu legen. Die Oberlippe bedeckte die Zähne des Speisenden und die Zunge lag nicht weithin sichtbar über der Unterlippe. Verboten war, und das sah Hannes sofort, Kartoffeln und Gemüse mit der Gabel in einen mörtelähnlichen Brei, zu einem »Prabs« zu verwandeln.

Hannes war Linkshänder, sein Schussbein als Fußballer war aber das rechte. Links und rechts konnte sein Hirn schlecht unterscheiden und so schlenkerte er mit seinem Schussbein, um Klarheit zu bekommen. Die rechte Hand war auf seinem Oberschenkel unter dem Tisch abgelegt, das Messer, wie zum Angriff in der Faust gehalten.

Einmal: Sein Tisch war umgeben von Lehrlingen, die auf ihn deuteten und schrien vor Lachen, als sein Teller vom Tisch kippte und am Boden zerbrach. Die Hose, die Schuhe waren eingesaut mit Speiseresten. Die letzte Nacht war Hannes hochgefahren, das Hemd war nass und er begriff lange nicht, dass das ein Traum war.

Am Samstag zu Hause beim Mittagsessen holte sich Hannes Gabel, Löffel und ein Messer aus der Schublade, um zu üben.

»Jetz spenndä gønz«[126], regte sich der Vater auf.

Morgens um sechs klingelte der Wecker auf Hannes Nachttisch. Abends wurde es fünf, bis er nach Hause kam. Eine zweiundvierzig Stundenwoche für einen Vierzehnjährigen. Hannes mit blauer Latzhose und Kittel bekleidet, stand jetzt täglich am Schraubstock. Mit einer Feile bearbeitete er eine runde Eisenscheibe, die quadratisch werden musste. Darauf wurde ein Würfel geschraubt. Ein Briefbeschwerer sollte es werden. Es wurden harte Wochen für Hannes. Blasen in den Handflächen vom Feilen, die Werkstattuhr im Blick, die

---

[126] »Jetzt spinnt er völlig.«

gefühlt die Zeit anhielt und den Lehrmeister im Rücken, der wie ein Aufseher zwischen den Werkbänken pendelte, waren eine Qual, eine Schinderei für Hannes. Manchmal weinte er in sich hinein. Tränenlos, denn das durfte keiner sehen.

Als er den Umgang mit der Bohrmaschine, Drehbank, Fräsmaschine, Schleifbank lernte, gar das elektrische Schweißen probieren durfte, fand Hannes Spaß an seiner Lehre als Maschinenschlosser. Später war Hannes zum Motorenbau und den Schlepper-Montagebändern eingeteilt. Die Gesellen mochten ihn und es tat ihm gut, mit ihnen an den Traktoren zu arbeiten.

Nur noch abends hatte Hannes Zeit, zum Schuster zu gehen. Daheim sagte er, er ginge zum Fußball. Hannes mied das Dorf auf dem Weg zum Schuster.

Kaum fiel die Werkstatttür ins Schloss, schob Karl den Riegel vor und zog die Vorhänge zu. Hannes verlangte nach den Heftchen. Er konnte oft an nichts anderes denken. Die Bilder wurden ihm sehnsüchtig vertraut. Er genoss die Aufregung. Die Erektion. Las den Text unter den Fotos. Hannes onanierte, bis sich sein Sperma auf den Dielenboden ergoss und schämte sich dafür, als wenn er etwas verbrochen hätte.

Der Schuster machte seine Hose auf und setzte sich neben Hannes auf die Ofenbank. Karl griff sich Hannes Hand, um mit ihr seinen Schwanz zu streicheln. Er kraulte Hannes Kopf und drückte ihn auf sein Gemächt.

»Komm mach schö doi Maul uff«[127], forderte der Schuster mit Samt in der Stimme.

---

[127] »Komm, mache schön deinen Mund auf.«

Regine

Wie jeden Sonntagmorgen stand Hannes am Küchenfenster und wartete auf Regine. Um viertel vor sieben, wenn die kleine Glocke anschlug und zur Frühmesse läutete, sah er sie die Gasse herunter kommen. Ihr Gang war leicht und manchmal sah Hannes sie voller Übermut am Fenster vorbei hüpfen. Ihr Haar wurde dabei hochgeworfen und der mit einem Petticoat aufgebauschte Rock schwang wie eine Glocke um ihre Beine. Regines Haar war schwarz. Eine dicke Wolle hing wie eine Mähne auf den Schultern und wurde von zwei Spangen hinter die Ohren gezwungen. Hannes hatte es eilig. Er nahm sein Ave-Maria und rannte zur Tür hinaus. In sicherem Abstand ging er hinter ihr her.

Hannes war begeistert von Regine.

Früher in der Volksschule saß sie außen an der Fensterwand. Ein breiter Gang trennte die Mädchen- und Bubenbänke. Hannes hätte sich vorbeugen müssen, um sie zu sehen. Wurde sie aufgerufen, wagte er, sie zu betrachten. Die Stupsnase. Die Augenbrauen, ein feines Gestrüpp, das über beiden Augen lag. Die Iris dunkelbraun. Regines Lippen bogen sich etwas nach oben, als wenn sie lächeln würde. Darunter ein Kinn, das sie nach vorne schob, wenn sie ihren Kopf durchsetzen wollte. Regine war die Schönste von allen.

Und jetzt war sie auf dem Weg zur Kirche.

Zu ihr aufschließen, um sie anzusprechen, konnte Hannes nicht. Erst am Eingang der Kirche holte er sie ein, um fast gleichzeitig mit ihr die Finger in das Weihwasserbecken zu tauchen. Sehr nahe waren sich ihre Hände dann und doch war ein Berühren unmöglich.

Hannes spürte gerade dann die Distanz zu Regine. Begriff die Unmöglichkeit, ihren Daumen vielleicht auch nur leicht zu streifen. Er betrachtete ihre Hände. Die feingliedrigen Finger. Die Fingernägel waren kurz geschnitten und lagen schwarz umrandet in ihren Betten. Quer über den Knöcheln waren dunkle, fadendünne Linien gezogen. Wie Striche von einem frisch gespitzten Bleistift, dachte Hannes. Hingehauchte Zeichen des täglichen Grabens der Hände in der Erde. Venen und die Streben des Handrückens spielten miteinander. Zwei Finger tauchte sie ins Weihwasser und tippte sich auf Stirn, Bauch und Schultern, dabei nickte sie leicht mit dem Kopf. Hannes bestaunte dieses würdevolle Bekreuzigen. Dieses demütige, fast scheue Bewegen ihrer Arme und Hände. Er beeilte sich, auf die Empore zu kommen, die den Männern vorbehalten war. Vorne an der Brüstung schaute er hinunter auf die Frauen. Hannes konnte Regine beobachten. Den Schuster grüßte Hannes. Sein Platz war links außen auf der ersten Bank der Empore. Karl war schon eine halbe Stunde vor dem Beginn der Messe in der Kirche. Regine schlug das Gesangbuch auf. Hannes sah sie zur Tafel blicken, auf der die Nummern der Lieder zu sehen waren, die während der Messe gesungen wurden. Eine schwarze Tafel aus Holz war das, mit aufgesetzten Leisten, in die der Mesner die Nummerntäfelchen einschieben konnte. Die Tafel hing neben dem linken Seitenaltar.

Wie gebannt schaute Hannes auf Regines Finger. Wie sie die Seiten blätterte, den Zeigefinger an der Unterlippe befeuchtete. Sie breitete die Hand wie einen Fächer aus, in die sie das Buch legte.

Wie gerne hätte er sein Gesicht in diese Hände gelegt, die raue Haut gespürt. Feine Risse und Schwielen hatte das tägliche Hantieren in heißem und kaltem Wasser hinterlassen. Dazu das Wühlen in der Erde von Feld und Garten. Wenn er die Augen schloss, spürte er die Hände auf seinem Gesicht.

Sie hielten seinen Kopf und fuhren die Wangen hinunter. Betasteten den Hals. Streichelten über die Brust zum Bauch hin. Regine umarmte ihn. Drückte ihn an sich. Hannes verschmolz mit ihr.

Die Orgel schrie auf und die Gläubigen stimmten ein.

Hannes kam wieder zu sich.

Der Schuster schaute ihn an. Konnte er Gedanken lesen? Von seinen Gefühlen zu Regine durfte Karl nichts erfahren.

Nachts lag Hannes wach und dachte an Regine. Die Kirchturmuhr schlug vier Mal. Stundenlang musste er wach gelegen haben.

Mit Regine würde er händehaltend durchs Dorf schreiten. Sonntags mit ihr spazieren gehen, dass jeder sein Glück sehen konnte. Jeder sehen konnte, dass er normal war. Mit Regine würde er eine Familie gründen, Kinder haben. Regine daheim. Er würde das tägliche Brot verdienen. Endlich wüsste er, für wen er den Lärm in den Montagehallen, die Arbeit an den Maschinen auszuhalten bereit war. Hannes hielt jetzt schon den elterlichen Hof sauber, zog auch mal eine Mauer, betonierte den Keller. Das Holz würde er nach Hause schaffen. Spalten. Mit den Kindern toben. Er wäre ein guter Vater.

Wenn Hannes onanierte, zogen Bilder aus den Pornoheftchen vor ihm auf. Die Personen auf den Bildern bewegten sich, vereinigten sich. Handlungen erfand er dazu, verband sie, bis ganze Filmszenen daraus wurden, die er sich immer wieder in Erinnerung rief, bis sie sich abnutzten und er neue erfand. Die Sammlung in seinem inneren Speicher war unerschöpflich.

Regine spielte in diesen Orgien nie mit. Sie drängte er aus den Gedanken. Schützte sie. Regine durfte er nicht beschmutzen.

Große Schwänze, Lust und Schmerzen miteinander verwoben, waren seine Wirklichkeiten, die Hannes als Wahrheiten verinnerlicht hatte. Wahrheiten, die sich im Laufe der Schusterjahre mit den am eigenen Leib erfahrenen Demütigungen verfestigten.

Hannes zog daraus Schlüsse, in denen er glaubte zu wissen, wie eine Frau fühlt und wie er sie befriedigen könnte. Und war gleichzeitig vom eigenen Versagen überzeugt, weil er sich schäbig und schmutzig vorkam.

Ekelhaft.

Seinen Körper fand er hässlich. Seinen Kopf zu groß. Die Hakennase. Die O-Beine. Der Buckel. Der zu kleine Penis. Hannes trainierte sich Muskeln an, um attraktiver zu werden. Lasten trug er schwerer als er sie packen konnte. Beim Fußball warf er sich ins wildeste Getümmel. Warf sich in knöcheltiefen Schlamm. Mit neunzehn war der Knöchel gebrochen. Mit zwanzig hatte er zwei Knieoperationen.

Hannes wollte dazu gehören.

Doch der Ekel vor sich selbst blieb.

Hannes leistete Abbitte für die Schande, die er über seine Familie brachte. Jeder im Dorf wusste davon. Jeder sah, dass er beim Schuster ein und aus ging.

Hannes verehrte Regine jahrelang.

Niemals würde er ein Wort mit ihr reden.

1964 – Rotlicht 1

Hannes trainierte mit der 1. und 2. Fußballmannschaft, obwohl er erst siebzehn war und noch bei der Jugend spielte. Er wollte robuster werden, um sich körperlich besser durchsetzen zu können. Um Kondition zu tanken. Er kam auf vier Trainingseinheiten pro Woche. Dazwischen machte er Dauerläufe, Liegestütze, Hanteltraining. Zum Muskelaufbau.

Den Sprung in die 1. Mannschaft schafften nur wenige. Bei den Fußballern der 1. und 2. Mannschaft ging es härter zu als bei den Spielen der Jugend. Da rannte auch mal ein Stammspieler, dessen Platz durch den Jungen bedroht war, den Nachkömmling geradewegs über den Haufen. Kurt war so einer. Doch Hannes ließ sich nicht unterkriegen. Am Ende spielte Hannes den rechten Läufer in der 1. Mannschaft. Kurt kam nicht mehr zu den Fußballern.

Nach dem Training steckten ein paar Spieler die Köpfe zusammen.

»Wellsde ach mit Hannes, mje foän noch Frønkføt ins Buff. Gugg ne so, do konnsde wøs länne. Du konnsd mid mä foän«[128], flüsterte Richard Hannes ins Ohr.

Hannes saß auf der Rückbank neben Erich.

»Däss däfsde køm värohre, sonst waas däs es gønze Døff«[129], schwor er Hannes ein. Hannes würde schweigen.

---

[128] »Möchtest du mitkommen nach Frankfurt ins Bordell. Schaue nicht so, da kannst du etwas lernen. Du kannst mit mir fahren.«

[129] »Das darfst du keinem verraten, sonst weiß es das ganze Dorf.«

Hannes schloss die Augen, verlor sich in Gedanken. Den Schuster mit seinen Schweinereien trug er schon Jahre lang mit sich herum. Log Mutter und Vater an, wenn sie fragten.

»No, woäsde scho wärrä bäm Schustä?«[130]

Sogar in seiner Firma in der Stadt hatte sein Kumpel ihn gefragt, ob er was mit dem Schuster hätte.

»Nø«[131], log Hannes.

Im Traktorwerk arbeiteten Leute aus Heurich.

Vor seinem Herrgott stand Hannes als Lügner da. Er betete jeden Abend, um seine Schuld abzutragen. Diese Todsünden zu beichten, wagte er nicht. Zwei-, dreimal im Jahr fuhr er mit dem Schuster zu den Kapuzinern zum Beichten nach Pfalzberg.

Als Hannes wegen einer Knieoperation im Krankenhaus gelegen hatte, war eine evangelische Religionslehrerin an sein Bett gekommen. Hannes erzählte ihr, dass er katholisch sei, regelmäßig zur Messe ging und mit dem Evangelischen nichts zu tun hätte. Sie redete von Jesus, dem es egal wäre, ob man katholisch oder evangelisch sei.

»Jesus geht es um Versöhnung, nicht um Trennung und er hat uns durch seinen Tod am Kreuz gerettet.« Sie schenkte Hannes das Neue Testament in Taschenbuchformat. Alle paar Tage besuchte sie ihn. Die Gespräche taten ihm gut. Hannes las zum ersten Mal in der Bibel. Und er verschlang die Jesusgeschichten. Er bestaunte die Wunder, die Jesus vollbrachte und ihm imponierte Jesus' Zorn, als er die Zöllner vom Tempelvorplatz jagte. Ihre Tische umstieß. Hannes hatte die Bibel wie einen Abenteuerroman gelesen. Der Held war Jesus. Ein tragischer Held, den die Juden ans Kreuz nagelten.

---

130 »Na, warst du schon wieder beim Schuster?«

131 »Nein.«

So wie Jesus wollte er auch sein.

Seine Mutter würde er noch entschiedener vor dem Vater und den Großeltern beschützen.

Hannes beschäftigte die Freundschaft, die Jesus mit Maria-Magdalena verband. Der Schuster bezeichnete sie als Hure; als Hexe, die den Jesus verführen wollte. Als Hannes in seinen Gedanken Jesus mit Maria-Magdalena sexuell verkehren ließ, erregte ihn das.

Doch Karl stand über dem Herrgott und dessen Sohn Jesus. Den Karl durfte Hannes nicht verraten. Nicht im Beichtstuhl. Bei niemandem.

»Mir søin do«[132], weckte Richard Hannes.

Richard stellte sein Auto am Rand der Innenstadt ab. Hannes versuchte, Schritt zu halten mit seinen Kumpels, die durch die Gassen der Stadt eilten. Sollte er sie aus den Augen verlieren, würde er nie mehr zum Auto zurückfinden. Sie bogen in eine Straße ein, die hell beleuchtet war. Aus Eingängen und Fenstern strömte rotes Licht. Hannes sah Frauen auf dem Gehsteig auf und ab gehen. Sie trugen Stöckelschuhe, Stiefel, die bis über die Knie gingen. Frauen in kurzen Röcken. Den Busen wie auf einem Tablett präsentiert und fast entblößt.

Hannes versteckte sich hinter Richard. Die Fußballer neckten sich gegenseitig. Lachten laut.

Die Frauen lockten die Männer. Stellten sich in Position. In den Fenstern wirkten sie auf Hannes wie Figuren auf einem Gemälde, das mit einem massiven Rahmen eingefasst war. Wie Bilder, die er schon in Museen gesehen hatte. Und es fiel ihm das Bild der Gottesmutter ein, das in der Kirche von Heurich im rechten Seitenaltar eingebaut war. Es war gerahmt mit einer fensterähnlichen Laibung. Die Jungfrau stand an einer

---

132 »Wir sind da.«

Brüstung und hinter ihr war die Tiefe des Raumes rot ausgeschlagen, wie die Zimmer der Dirnen.

Richard verhandelte mit einer Frau.

»Wøs kosds dønn?«[133], rief ein Kumpel aus sicherer Entfernung.

»En Fuffzischer«[134], wusste Richard und verschwand mit der Frau im Eingang.

Hannes hatte sich in die Mitte der Gruppe gedrängt. Die Gesichter der Frauen waren bemalt mit grellen Farben. Die Lippen knallrot. Die Wangenknochen rosafarben hervorgehoben. Die Augenhöhlen waren dunkel geschminkt, darüber schwere, schwarze Striche. Prächtige Frisuren trugen sie. Hannes schreckte das eher ab. Und doch schlich eine Spannung in seinen Unterbauch, die sich zu verkrampfen drohte.

Und als Richard wieder erschien.

»Un wie woäs?«[135], wollten die Kumpels wissen.

»Gehd sälwä neu, do wess däss«[136], sagte Richard. Der Trupp ging weiter und ließ sich von einem Türsteher in ein Lokal ziehen. Auf der Bühne war eine Frau zu sehen, die sich auszog. Beim Öffnen von Bluse und BH verrenkte sie Arme und Beine, bog den Körper. Leckte sich den Mittelfinger und fuhr sich damit durch den Schritt. Sie schürzte ihre Lippen und befeuchtete sie mit der Zunge. Am Ende warf sie ihr Höschen in den Männerpulk. Hannes sah, wie es einer auffing und sich das Stück Stoff an die Nase drückte, die Augen schloss und tief einatmete.

Zwischen den Auftritten liefen Pornofilme.

---

133 »Was kostet es denn?«

134 »Einen Fünfziger.«

135 »Und wie war es?«

136 »Gehe selbst hinein, dann weißt du es.«

Die Bilder aus den Heftchen beim Schuster hatte Hannes die ganze Zeit in seinem Kopf zum Leben erweckt und miteinander agieren lassen. Männer vereinigten sich mit Frauen. Männer trieben es mit Männern. Frauen mit Frauen. Hunde wurden für Sexspiele benutzt.

Und Hannes dachte an den Klobenvitus, dem die Leute in Heurich nachsagten, dass er schon mal im Stall seine Kuh bestiegen und es mit seiner Ziege getrieben hätte. Hier auf der Leinwand malträtierten Männer die Frauen, unterwarfen sie. Er hörte sie stöhnen. Schreien. Hannes brauchte keine Szenen zum Leben erwecken, hier kamen sie zu ihm und sie schlugen mit so einer Wucht in ihn ein, dass sein Geschlecht ejakulierte, der Hoden schmerzte.

Hannes rannte zur Toilette.

1965 – Rotlicht 2

Mit achtzehn machte Hannes den Führerschein und fuhr mit seinem VW-Käfer nach Frankfurt zu den Huren. Er hatte sich eine Stadtkarte gekauft.

Jesus wusste von dieser Sünde. Und der Schuster.

Hannes ging zum Bordell »Eroscenter« in die Bahnhofsgegend. Mit seinen Fußballkumpels war er dort gewesen. Er schaute sich immer wieder um. Hannes hatte Angst, ein bekanntes Gesicht könnte ihm folgen. Und endlich war er drinnen, am Türwächter vorbei, in diese mit rotem Licht geflutete verbotene Welt. Nun fühlte er sich in Sicherheit vor seinem Alltag, der aus dem Elternhaus, seinem Beruf, dem Schuster, dem Pfarrer und seinen Kumpels bestand. Ein tagein, tagaus unausweichliches Joch der Gewohnheiten.

Seinem irdischen Jammertal.

Hannes folgte einem Gang, der breit war und lang. Sein Ende verflüchtigte sich in der Düsternis. Männer, manche hatten den Hut über die Stirn gezogen, drückten sich an der Wand entlang. Andere verhandelten mit den Frauen den Preis. Die standen in den Eingängen ihrer Zimmer. Die Türen offen. Hannes sah darin ein Bett, eine Kommode und ein Waschbecken.

Hannes hatte vorsichtshalber nur zwanzig Mark eingesteckt. Er könnte womöglich seine Geilheit nicht bändigen und würde mit einer Hure in ihr Zimmer gehen wollen.

Eine Frau fiel Hannes auf. Sie war kleiner als er. Zierlich.

Das Gesicht war länglich und blass. Die Nase schmal. Die Lippen hatte sie in einem dunklen Rot nachgezogen. Ihre Haare hatten ein helles Braun, reichten bis zur Schulter und wellten sich. Sie trug einen kurzen Rock und Stöckelschuhe, die hoch waren und Hannes sah im Spiel der Wadenmuskeln, dass sie balancieren musste. Ihre Bluse stand offen und Hannes konnte den Ansatz ihrer Brüste sehen.

Hannes stand im Halbdunkel und betrachtete die Frau. Traurige Augen hat sie, dachte er.

Als sie mit einem Mann in ihr Zimmer ging, versetzte das Hannes einen Stich. Es dauerte eine Ewigkeit, bis die Tür wieder aufging. Er war wütend auf den Mann, der heraus kam und im Treppenhaus verschwand. Nach einer viertel Stunde vielleicht. Dann stand sie wieder im Türrahmen. Das Gesicht maskenhaft blass. Als der nächste Mann mit ihr in ihr Zimmer ging, floh Hannes, hetzte durch die Gassen der Stadt, verlief sich und fand endlich sein Auto wieder. Diese Frau bekam er nicht mehr aus dem Kopf.

In der Nacht lag er lange wach. Begierig sog er die Szene in sich hinein, wie ihr die Männer ins Zimmer folgten. Hannes wiederholte in einem fort die Tat der beiden Fremden. Der Stich. Der Schmerz. Ein Wiederholungszwang. Und als das Gesicht der Frau in Schwarz und Weiß an der Zimmerdecke erschien, erschrak Hannes. Das waren die Augen seiner Mutter. Ihre Nase. Die Lippen. Das gewellte Haar. Hannes sprang aus dem Bett, holte das Fotoalbum aus seinem Kleiderschrank und fand das Bild.

Seine Mutter achtzehn Jahre alt vielleicht. Sie saß auf einer Bank und trug ein Kleid mit kurzen Ärmeln. Den Oberkörper hatte sie leicht nach vorne geneigt, die Beine übereinander geschlagen. Die Haare waren hell, schulterlang und gewellt. Vergnügt sah sie aus. Lachte. Diese Frau im Bordell sah seiner Mutter in jungen Jahren ähnlich.

Zwei, dreimal in der Woche fuhr Hannes in die Stadt, ins Bordell »Eroscenter«. Donnerstag nach dem Training, am Samstag und Sonntag.

Wenn sie nicht da war, wartete Hannes auf sie. Stundenlang harrte er aus, um sie ja nicht zu verpassen. Niedergeschlagen kehrte er dann heim, wenn sie nicht kam. Zu ihr hin traute sich Hannes nicht. Vielleicht stieße sie ihn ja zurück.

Hannes hatte vor, sie aus diesem Leben herauszuholen. Diese Arbeit tat sie unter Zwang, dachte Hannes. Sie mitnehmen zu sich. Da wäre sie erst einmal in Sicherheit. Bestimmt gabs da einen Zuhälter, dem sie hörig war, der sie schlug, sie vergewaltigte, alles Geld abnahm. Das wusste er von seinen Fußballkumpels.

Seine Fantasie konnte er nicht stoppen. Sie musste mit Männern verkehren, vor denen sie sich ekelte. Die ihr wehtaten. Hannes würde ihr das alles verzeihen, sie mit seiner Liebe eindecken. Er wäre nur gut zu ihr. Sie wäre ihm dankbar, würde zu ihm aufblicken.

Hannes hätte endlich eine Frau gefunden, die zu ihm passt.

Nach Monaten nahm Hannes allen Mut zusammen, steckte zwei Fünfzigmarkscheine ein und machte sich auf den Weg. Diesmal würde er es wagen. Zu ihr hingehen. Ihr ins Zimmer folgen. Sie fragen, ob sie mit ihm gehen wollte. Sie müsste nur das Nötigste einpacken. Er würde voraus gehen und an der nächsten Straßenecke auf sie warten. Sie würden vor den Zuhältern fliehen. In eine fremde Stadt fahren. Eine Wohnung mieten. Die Fahrt zu den Huren dauerte länger, so kam es Hannes vor. Straßenschilder fielen ihm auf, die er bis jetzt nicht wahrgenommen oder vergessen hatte, weil er den Weg in- und auswendig kannte.

Hannes hatte sich vorgenommen, gleich zu ihr zu gehen. Er wollte nicht riskieren, dass ein Freier ihm zuvor kam.

Das würde er nicht aushalten können.

Sie war da. Hannes stand im Flur. Die Wand warf ihren Schatten, mit dem er sich schon so oft hatte tarnen können.

Der ihm half, die Frau gegenüber zu fixieren. Sie in Gedanken auszuziehen. Hannes wusste nicht, wie er über den Gang kommen sollte. Erst als ein Mann auf ihn zu kam, den er als einen ihrer Freier zu erkennen glaubte, gab er sich einen Ruck und stand vor ihr. Hannes war wie gelähmt. Stumm.

»Komm mit«, sagte sie zu ihm, ließ ihn in ihr Zimmer treten und machte die Tür zu.

»Fünfzig Mark.« Sie streckte ihm ihre Hand entgegen. »Deinen Penis musst du waschen.«

Sie deutete zum Waschbecken hin.

»Und jetzt leg dich aufs Bett.«

Hannes ließ sich dirigieren. Er war wie benebelt. Alles, was er sagen wollte, war verschwunden. Hannes hatte Satz für Satz, Wort für Wort auswendig gelernt. An der Wortwahl gefeilt. Wörter erfunden. Sätze neu geordnet. Monatelang. Jeden Tag, jede Nacht hatte er an nichts anderes gedacht.

Sie hatte Mühe, das Kondom über sein schlaffes Glied zu rollen. Dann der Samenerguss.

»Was ist mit dir?« Ihre Stimme hatte etwas Schweres, als wenn sie Mitleid mit ihm hätte.

Hannes raffte sich auf und floh aus dem Zimmer. Er hetzte die Treppe hinab, zum Ausgang hin, duckte sich hinaus auf den Gehsteig, die Häuserwand entlang. Er hielt sich den Bauch und kotzte an einer Mauerecke.

Nie würde er mit einer Frau zusammen sein können. Er zog die Kapuze seiner Jacke über den Kopf und hielt sie mit den Fingern über der Stirn fest. Er suchte das Halbdunkel von Mauernischen. Drückte sich in Hauseingänge. Er durfte nicht hetzen, sonst würde er auffallen. Die Fußballkumpels waren sicher auch hier unterwegs. Er verfuhr sich in der Stadt. Kam auf die falsche Autobahnauffahrt. Die Kilometer zogen sich. Die Fahrt nach Hause wollte nicht enden.

In Heurich stellte er seinen VW zu Hause auf den Hof.

Hannes ging wie von einem Strick gezogen zum Dorf hinaus, durch die Gärten zum Schusterhaus. Hannes war nicht bei sich. Lief im Taumel. Der Körper zu schwer, um aufrecht zu gehen.

»Auf røi. Wo kömmsden her, wo?«[137], murmelte Karl im Nachthemd, als er die Tür öffnete.

Hannes sog die Luft ein, die ihn im dunklen Hausflur empfing. Er durchschritt zu Karls Schlafzimmer das Gemenge von Küchendunst und Werkstattgeruch. Hannes zog sich aus und legte sich mit dem Gesicht zur Wand hin auf die Seite.

»Woäste im Buff. Unn wie woäs?«[138], wollte Karl wissen. Er streichelte mit Speichelfingern Hannes Anus. Dann drang er in ihn ein. Hannes keuchte. Der Schmerz machte ihn gefügig.

»Däs ess schö, gäll?«[139], brummte der Schuster.

Hannes weinte ins Kissen hinein. Benässte diese Schmach mit seinen Tränen. Er ertrug Karls Stöße in seinen Körper, den er wie einen verschmutzten, weggeworfenen Überrest wahrnahm.

Ein Balken legte sich über Hannes Augen, als Karl sich in ihm entlud und ihn danach mit einem Handtuch abputzte.

Hannes fiel in eine Bewusstlosigkeit.

---

137 »Wo kommst denn du her?«

138 »Warst du im Puff. Und wie war es?«

139 »Das ist schön, nicht wahr?«

1971 – Der Busfahrer

Der Schuster Karl wäre am liebsten Busfahrer geworden. Er hatte Hannes oft von Otto erzählt, der damals Anfang der Dreißigerjahre - da war Karl zehn, elf Jahre alt - das Postauto gefahren hatte. So oft es ging, war Karl bei ihm in der Bushalle gewesen. Er hatte sich auf den Fahrersitz hinters Lenkrad setzen dürfen. Otto hatte die Schutzbleche der Busschnauze hochgeklappt und Karl den Achtzylinder Diesel gezeigt. Sie hatten den Ölstand geprüft, nach den Bremsen geschaut und auch mal einen Filter gereinigt. Und manchmal hatte Otto Karl mit nach Pfalzberg genommen. Er hatte dann ganz vorne gesessen und Otto beobachtet, wie er mit ausladenden Armbewegungen das Lenkrad drehte. Karl hatte schnell begriffen, in was für einem Wechsel Gaspedal und Kupplung durchzutreten waren. Wusste, wenn zweimal gekuppelt werden musste und das Zwischengas vonnöten war, um in den nächsten Gang zu schalten.

»E synchronisierdes Gedriewe hods sällemols noch ned gäwe un e Servolenkung ach ned. Do hosde disch bloche müsse, bäm Lenke.«[140]

Der Schuster war ins Schwärmen gekommen.

Doch als Karl aus dem Krieg nach Hause gekommen war, musste er die Schusterei weiterführen. Mit dem Vater war da nicht zu reden. Karls Brüder waren gefallen.

Morgens, mittags und abends fuhren Postbusse von Heurich nach Pfalzberg. Wenn Hannes manchmal mit seiner Mutter in

---

140 »Ein synchronisiertes Getriebe hat es damals noch nicht gegeben und eine Servolenkung gabs auch noch nicht. Da hat man sich plagen müssen, beim Lenken.«

die Stadt gefahren war, versuchte er den vorderen Platz zu ergattern. Den Busfahrer Seppl mochte Hannes. Der Seppl lachte, dass es durch den ganzen Bus schallte. Und er erzählte Witze.

Hannes wollte so sein wie Seppl und das Postauto fahren. Karl würde er damit auch eine Freude machen.

Hannes konnte seine Volljährigkeit kaum erwarten. Mit achtzehn bekam er seinen Einberufungsbescheid. Bei der Bundeswehr fuhr er einen Fünftonner, um später den Personenbeförderungsschein, den »Gelben Lappen« zu machen. Hannes wollte raus aus den Montagehallen. Dieses eingesperrt sein, dieser Krach, wenn Stahl auf Stahl schlug und der Gestank von verbranntem Borwasser und Öl die Luft verpestete. Hannes konnte sich nur schreiend mit seinen Kollegen unterhalten.

Die Bundesbahn stellte Hannes als Busfahrer ein. Er fuhr mit einem weinroten Mercedes-Benz-Bus über die Dörfer. Ein Elf-Liter-Sechszylinder-Diesel mit Direkteinspritzung, 240 PS stark, war im Heck eingebaut. Hannes saß kerzengerade hinter der Frontscheibe, wie auf einem Podest in einem Schaufenster, und schaute auf die anderen Verkehrsteilnehmer herunter.

Die Leute mochten Hannes, der freundlich war. Hilfsbereit. Obwohl bei Linienfahrten verboten, hatte Hannes schon morgens in aller Frühe sein Radio eingeschaltet. Mit Dreigesang und Jodler, Zupf- und Blasmusik, schuf er eine heimelige Wohnzimmeratmosphäre im Bus. Den Leuten hing noch ein Rest Schlaf im Gesicht. Sie schwiegen, starrten aus den Fenstern und nahmen kaum wahr, wie Felder und Häuser draußen vorbei krochen. Gekonnt passierte Hannes enge Ortsdurchgänge, die beiden Außenspiegel im Blick. Die Bewunderung der Leute spürte er im Rücken. Sein Umgang mit den

Menschen hatte etwas Leichtes. Hannes unterhielt sich mit den Frauen. War witzig. Hier war sein Platz. Wie auf einer Bühne war er der Gestalter, der dem Raum eine freundliche Atmosphäre schenkte. Er war der, der den Bus lenkte. Der, der mit einer selbstverständlichen Geschäftigkeit dieses Monstrum beherrschte. Die Menschen brachte er sicher an ihren Ort. Auf ihn war Verlass. Hannes hoffte, ein Mädchen kennenzulernen.

Er sah die Frau sitzen, als er mit dem Bus auf den Bahnhofsvorplatz fuhr. Auf einer Decke saß sie, an den Rucksack gelehnt. Zwanzig Jahre alt war sie vielleicht. Vor ihr stand eine Schale, in der ein paar Groschen lagen.

»Hast du eine Mark für mich?«, rief sie Hannes zu, als er auf sie zu ging.

»Nø Gäld ho isch net. Wøs zum Ässe konn isch dä gäwe.«[141] Hannes ging zurück zu seinem Bus und holte seine Vesper. Sie biss kleine Stücke ab, auf denen sie lange kaute. Sie genoss sein Brot, das er mit Leberwurst und Senf bestrichen hatte. Darauf hatte Hannes Gurkenscheiben gelegt. Eine Flasche Selters stellte er neben sie. Hannes blieb bei ihr stehen, er hatte ein komisches Gefühl, ihr beim Essen zuzuschauen. Sie aß sein Brot, das er noch vor kurzem in den Händen gehalten hatte. Vielleicht gab ihm das die Berechtigung, vor ihr stehen zu bleiben. Vielleicht erwartete er einen Dank von ihr.

Haarsträhnen, die fettig aussahen, hingen ihr bis auf die Schultern. Ihr Gesicht war blass. Die Augen wachsam. Forderten eine Distanz. Hatten etwas Verzweifeltes. Und wenn sie Hannes anschaute, hielt er ihrem Blick nicht Stand.

---

141 »Nein, Geld habe ich nicht. Etwas zum Essen kann ich dir geben.«

»So, isch muss die nächste Tour mache. Wiedersehn!« Hannes versuchte Hochdeutsch zu reden.

Sie hob ihre Hand.

Gegen Abend kam Hannes wieder zum Bahnhof Pfalzberg. Sie saß noch am gleichen Platz.

»Un hat ess Brot geschmäckt?«[142], fragte Hannes.

»Ja«, sie lachte.

»Ess ist bald dunkel. Wo schläfsten du heit Nøcht?«, wollte Hannes wissen.

»Das verrate ich nicht, sonst lässt du mir heute Nacht keine Ruhe«, erwiderte sie.

»Isch tu dir nix«, sagte Hannes. Hannes blieb bei der Frau stehen. »Isch ho jetzt møi letzte Tour. Do ist meistens nix los. Wellste e Runde mitfahrn. Am Owend wäds kühl. Im Bus esses wørm.«[143]

Sie setzte sich auf die erste Bank, ihm schräg gegenüber und erzählte, dass sie daheim abgehauen sei.

»Schuld ist mein Vater, der ist gewalttätig.« Jetzt sei sie schon fünf Monate unterwegs.

»Ich schlafe auf Bahnhöfen in Waggons, die auf Abstellgleisen stehen.«

»Un was willst du als Nächstes mache?«, wollte Hannes wissen.

»Weiß ich nicht. Herumhängen. Reisen.«

---

142 »Und hat das Brot geschmeckt?«

143 »Ich mache jetzt meine letzte Tour. Da ist meistens nichts los. Willst du eine Runde mitfahren? Am Abend wird es kühl, im Bus ist es warm.«

»Awer du brauchst doch e Dach überm Kopp. Dir konn doch wøs passien. Grad in de Stadt laafe doch genonk Vebräschä römm.«[144] Hannes sorgte sich um sie.

»Wie heißt du?«

»Hannes.«

»Ich heiße Isabell.«

Hannes hatte ein wohliges Gefühl. Er mochte sie. Ihre Nähe tat ihm gut. Hier bei ihm im Bus war sie gut aufgehoben. Hannes erzählte, dass er daheim wohnte, er gerne Busfahrer sei, weil er herumkomme. Früher hatte er als Maschinenschlosser in großen Werkshallen gearbeitet. »Un im Bus hoh ischs mit Leit zu too un bee mòin eischener Chäf.«[145]

Hannes fuhr den Bus hinein in den Spessart. Der Wald bereitete sich schon auf die Nacht vor. Dämmerlicht rann zwischen den Bäumen hervor und die Lampen des Busses warfen Lichtkegel auf die Straße. Hannes fuhr den Diesel niedertourig und ließ den Bus hin zum nächsten Dorf rollen.

»Mir gefällts, misch mit dir zu unterhalte.« Hannes wunderte sich über diesen Satz, der ihm gerade so über die Lippen gerutscht war.

»Mir gefällt es auch.«

Hannes hoffte, die Fahrt möge nie zu Ende gehen. Er war noch nie so entspannt mit einer Frau zusammen gewesen. Und doch war da die Angst, dass nach der Fahrt alles vorbei sein könnte.

---

144 »Aber du brauchst doch ein Dach über den Kopf. Dir kann doch etwas passieren. Gerade in der Stadt laufen doch genug Verbrecher herum.«

145 »Und im Bus habe ich es mit Leuten zu tun und bin mein eigener Chef.«

»Mir könne in Pfalzberg noch was trinke«, schlug Hannes vor.

Was würde seine Mutter sagen, wenn er mit einer fremden Frau nach Hause käme. Hannes hatte vor, sie mit nach Heurich zu nehmen. Isabell könnte in seinem Bett schlafen. Er würde im Wohnzimmer auf dem Sofa übernachten. Sie willigte ein und kam mit ihm nach Hause.

Hannes schürte den Badeofen. Er stellte eine Vesper auf den Tisch. Dazu einen Himbeersaft. Und als Isabell, mit nassem Haar, am Tisch saß und mit Messer und Gabel hantierte, sah Hannes die Narben am Handgelenk.

»Wøs hast du do?«[146]

»Manchmal will ich nicht mehr leben«, erwiderte sie und schaute Hannes an. Ihren Kopf hielt sie leicht schräg.

Was hatte Hannes nicht schon alles ertragen müssen, wenn er sich sein Leben betrachtete. Aber sich umzubringen, auf die Idee wäre er nie gekommen.

Wenn sich mal wieder Zorn und Scham zusammenrotteten und sich wie ein zäher Schlamm in ihm breit machten, musste er raus, bevor er erstickte. Dann hetzte er in den Wald, hoch auf den Wolfsbuckel, legte Kilometer um Kilometer zurück, um über seine Grenzen zu gehen. Bis ihm das Herz fast zersprang. Schweißnass warf er sich auf den Waldboden. Das Blut im Hals pulsierte. Die Schläfen pochten. Hannes keuchte und schnappte nach Luft. Dann lag er auf dem Rücken, wie gerade dem Tode entronnen. Danach gings ihm besser.

Dass Hannes sich immer öfter verausgaben musste, fiel ihm nicht auf. Es war ein Kampf gegen den inneren Schweinehund, wie er sagte. Und er war stolz, dass er den gewann. Er brüstete sich damit. Wer da nicht mithalten konnte, den

---

146 »Was hast du denn da?«

verachtete Hannes. So ging er mit allem um, was ihn belastete. Ein Selbstmord kam ihm nicht in den Sinn.

Hannes spürte eine Kraft in sich. Isabell würde er aus ihrer Traurigkeit befreien. Da war er sich sicher.

»Wøs wøären däss füe en Krach, heid Nøchd?«[147] Ritas Gesicht war ein einziger Vorwurf.

»Resch disch ned uff Modder. In møim Bädd schlöhft e Fraa. Di hod ned gewösd wo hie, gästän Owend.«[148]

»Spennsd dønn du? E fremm Fraa in de Nøchd mit ins Haus zu nemme«[149], beschwerte sich Rita.

»Heid ho isch frei. Isch foä se sperä in die Stødt«[150], versuchte Hannes seine Mutter zu beruhigen.

---

147 »Was war denn das für ein Krach, heute Nacht?«

148 »Rege dich nicht auf Mutter. In meinem Bett schläft eine Frau. Sie hat nicht gewusst wohin, gestern Abend.«

149 »Spinnst denn du? Eine fremde Frau in der Nacht mit ins Haus zu nehmen?«

150 »Heute habe ich frei. Ich fahre sie später in die Stadt.«

Oktober 1971 – Isabell

Hannes konnte Isabell nicht mehr mit nach Hause nehmen. Seine Mutter hatte es verboten.

»Wøs wellsden mit deä Pennän, di schtinkt jo«[151], schnauzte sein Vater ihn an, als er gerade vom Schweinestall kam. Er hatte den Mist aus dem Stall gefahren und den Schweinen frisches Stroh eingestreut.

Hannes fand eine Wohnung in der Vorstadt von Pfalzberg. Zwei Zimmer mit Bad und Wohnküche, im vierten Stock eines Wohnturmes mit zwanzig Stockwerken. Als Hannes sein Bettzeug von zu Hause abholte, weinte seine Mutter.

»Däs konnsde oss ned ohdoh«[152], rief ihm sein Vater hinterher.

Die Möbel holten sie sich von Haushaltsauflösungen. Das Geschirr hatte der Massa-Markt im Sonderangebot. Isabell blieb tagelang im Bett liegen. Bei Hannes fühlte sie sich aufgehoben. Schlafen, nur schlafen wollte sie.

Steine lagen auf ihren Augen. Die Obdachlosigkeit. Das erste Mal in ihrem Leben musste sie keine Angst haben. Konnte liegen bleiben, ohne dass ihr jemand Vorwürfe machte. Hannes kaufte ein, bereitete das Essen. Er hielt die Wohnung sauber. Sie saßen im Bett, wie zwei Verlassene und weinten auf einmal. Ihre Hände fanden einander. Sie betasteten und streichelten sich. Entblößten sich. Gaben sich nackt. Drängten zueinander. Eng umschlungen, Haut auf Haut waren sie eins, zu einem Leib geworden und sie wälzten sich in ihrer Lust.

---

151 »Was willst du mit der Obdachlosen, die stinkt ja.«

152 »Das kannst du uns nicht antun.«

Kaum war Hannes in ihr, hatte ihn die Lust überrannt. Er rollte von ihr weg und ejakulierte. Hannes schämte sich.

Er wusste nicht weiter. Isabell drehte sich zur Seite.

»Weinst du?« Hannes beugte sich über sie.

»Ess tüt mir Leid.«

Hannes schämte sich vor seinen Kollegen. Ihnen war aufgefallen, dass Hannes mit einer Frau zusammen war. Sie fragten nach ihr. Hannes erfand immer neue Geschichten, um seine Beziehung zu Isabell in ein gutes Licht zu rücken.

Hannes kam von seiner Schicht nach Hause. Isabell war nicht da. Ihre Sachen fand er nicht. Hannes lief in die Stadt und suchte sie. Suchte in den Kneipen, am Bahnhof. Er hatte Angst um sie. Am nächsten Tag fand er sie am Bahnhof auf ihrem Platz.

»Mensch, Isabell, warum besten abgehaut?«

»Ich musste halt mal raus.«

»Wo warst denn du? Isch hab dich di halb Nacht gesucht.«

Dann passierte es. Isabell war für zwei Nächte verschwunden. Hannes machte ihr Vorwürfe. Er verdächtigte sie, mit anderen Männern zusammen gewesen zu sein. Einerseits erregte ihn das und er stellte sich eine wilde Fickerei vor. Andererseits wurde er zum Deppen. Als Mann eine Null.

»Isch verdiene ess Geld, sorg fürs Essen und mach sauber. Was machst denn du?«

Isabell ging ins Schlafzimmer und schloss die Tür ab.

Hannes hörte sie weinen.

»Schließ di Tür auf. Es war net so gemeint«, bettelte er.

Und als sie endlich aufmachte, kroch Hannes zu ihr ins Bett. Sie warfen die Arme um ihre Leiber und vereinigten sich. Dann der Samenerguss. Zu früh. Überreizt. Hannes stieß

Isabell von sich. Spermaflecken auf der Matratze markierten den Graben zwischen ihm und ihr.

Isabell starrte Hannes an. Der Abbruch, ein abrupter Schlag. Ein Sturz aus dem Hochgefühl. Aus ihrem inneren Jubel. Dieses Vertrautsein, dieses Einssein mit einem Menschen, hatte sie, auch in dieser Kürze, noch nie erlebt. Nun die Enttäuschung, die Leere, die sich in ihr auf tat.

Dieses Nichts. Diesen Sog in den Schmerz.

Sie drosch auf Hannes ein. Er war ein Versager. Die Schläge minderten seine Schuld.

»Isabell, hör auf«, flehte er sie an.

Ausgepumpt lagen sie nebeneinander.

Isabell fing an zu erzählen.

Isabell war Vaters Mädchen. Es war ihr großer, starker Papa. Er missbrauchte sie das erste Mal, da war sie sieben. Über Isabell legte sich damals ein tiefes Schweigen. Dem Vater war sie ausgeliefert. Jahrelang. Die Mutter wusste es, doch sie ließ ihr Kind im Stich. Sie fand ihre Sprache erst in der Pubertät wieder. Eine Sprache, die zornig war. Dann rastete sie aus, nahm die Arme zur Hilfe, stampfte mit den Füßen. Sie schrie ihre Eltern an, war nicht zu beruhigen. Am Ende rannte sie zur Toilette und übergab sich.

»Wie wenn ich diese Schweinereien, die mir mein Vater angetan hatte, herauskotzen wollte.«

Wütend verließ sie ihr Zuhause, erzählte sie und kam bei einer Freundin unter. Dann kam die Depression, aus dem Nichts. Ein Schnitt quer übers Handgelenk. Blaulicht. Intensivstation.

»Hätte ich die Adern schräg durchgeschnitten, wäre ich nicht mehr. Das habe ich damals nicht gewusst«, sagte Isabell.

Hannes kam der Schuster in den Kopf. Dass der Schuster ihn sexuell missbraucht hatte, hatte inzwischen einen Platz in ihm gefunden, der nicht mehr weh tat. Er war zu etwas Alltäglichem geworden. Die Gewohnheit hatte dieser Gewalt ein dickes Fell übergezogen. Vor einigen Jahren hatte Hannes die sexuellen Kontakte mit dem Schuster abgebrochen. Er ging aber immer noch ins Schusterhaus und half Karl bei der Arbeit, fuhr ihn sonntags mit dem Auto spazieren.

Und jetzt schmerzte ihm der Kopf. Der Geruch von Leder, Schweiß und Klebstoff, Sperma und Scheiße zogen ihm die Nase hoch. Hannes kam das Versteckspiel in den Sinn. Vor den Eltern, seinem Bruder und dem ganzen Dorf. Lüge, Scham, lustig sein und rennen, immer nur rennen, waren seine ständigen Begleiter und darüber ein übermächtiger Herrgott, in Tateinheit mit seinem Sohn Jesus, die beide seine Schuld noch vertieften. Da konnte er beten, so oft er wollte.

»Misch hat der Schuster von unserm Dorf missbraucht«, sagte Hannes.

Und er erzählte Isabell von daheim, von Eltern und Großeltern, die ihn alle geschlagen hatten. Und vom Schuster, der ab dem zehnten Lebensjahr sein Vertrauen erschlichen hatte, Zärtlichkeit vortäuschte, bis er Hannes das erste Mal vergewaltigte. Da war er dreizehn vielleicht. Das erste Mal in seinem Leben suchte Hannes nach Worten für dieses Verbrechen. Silben und Wörter stolperten. Hannes stotterte. Es half, dass Isabell nachfragte und das eigene Erfahrene mit dem von Hannes verglich.

Hannes begriff auf einmal, dass er Karl hörig war. Er schlug die Hände vors Gesicht und weinte.

»Du gehst immer noch zu ihm?« Isabell war entsetzt. Sie legte ihren Kopf auf seinen Bauch. Hannes streichelte ihr Gesicht, seine Finger fuhren durch ihre Haare. In Isabell hatte Hannes eine Verbündete gefunden.

»Ich geh net mehr zum Schuster.«

Hannes hatte etwas für ihn Unmögliches ausgesprochen.

Hannes zwang sich zur Arbeit. Die Menschen im Bus lenkten ihn ab. Er musste sich konzentrieren. Und doch nahm er manche Haltestelle nicht wahr. Hoffte, dass da keine Kunden gestanden hatten.

Kam er nach Hause, lag Isabell im Bett oder sie war verschwunden. Suchte bei anderen Männern ein Stück Trost. Und sie schluckte Schlaftabletten. Der Notdienst nahm sie mit. Der Magen wurde ausgepumpt.

Zwischendurch machten sie Ausflüge in den Spessart, besuchten eine Stadt, um etwas anderes zu sehen, um ein Lebenszeichen zu entdecken. Ein Licht vielleicht, eine Chance, dieser bleiernen Zeit zu entkommen. Doch immer wieder standen plötzlich Hindernisse vor Isabell. Gebirge. Felswände stürzten ein und begruben sie unter sich. Der Tod war ihr nah. Der Mächtige. Der Erlöser. Der ihrer Pein ein Ende setzten könnte. Isabell hatte alle Hoffnung in Hannes gelegt. Doch er war für sie ein Versager, der ihren Schmerz nicht lindern, nicht tragen konnte. Ihre Sehnsucht nach Geborgenheit nicht stillen konnte. Sie fühlte sich von ihm im Stich gelassen. Alle Menschen hatten sie im Stich gelassen.

Isabell verprügelte Hannes immer öfter. Hannes machte keine Waldläufe mehr. Die Kraft fehlte ihm. Er wich Isabell nicht von der Seite. Gemeinsam rutschten sie immer tiefer in die Gräuel ihrer Vergangenheit. Sie wurden aufgefressen von den Demütigungen, die hellwach im Inneren nur auf einen Impuls warteten, um hochzufahren, ungebrochen, um jeden Lebensfunken zu vernichten.

Tagelang lagen sie eng beisammen und weinten.

Hannes fuhr nach Heurich zu seinen Eltern.

»Un, treibsde disch immer noch mit der Pennän römm?«[153], empfing ihn sein Vater an der Haustür. »Auf geh mid. Doi Modder leid im Bädd. Un du väsprechsdärre, dass de disch vo deä Nudde trennsd.«[154] Der Vater ging voraus ins Schlafzimmer.

Hannes sah in ein nasses Gesicht. Die Augenränder entzündet. Die Mutter wand sich in ihrem Schmerz.

»Do gug, si gehd nemme ausm Bädd. De Parrer woä a scho do. Du besd aus de Käische ausgedrähre. Søch emol, spennsd du dønn gønz?«[155]

Hannes schluckte. Was war aus dem Schwur des Buben von damals geworden, seine Mutter zu beschützen? Und jetzt lag sie wegen ihm im Bett und litt.

»Du väsprechsdärre jetz, dass du wärrä in di Käische øitrettst«[156], verlangte der Vater. »Wenn di Modder stärwe düd, hosd du di Schold.«[157]

---

153 »Und treibst du dich immer noch mit der Obdachlosen herum?«

154 »Komme mit mir. Deine Mutter liegt im Bett und du versprichst ihr, dass du dich von der Nutte trennst.«

155 »Sie geht nicht mehr aus dem Bett. Der Pfarrer war auch schon da. Du bist aus der Kirche ausgetreten. Sag einmal, spinnst du denn ganz?«

156 »Du versprichst jetzt, dass du wieder in die Kirche eintrittst.«

157 »Wenn die Mutter stirbt, trägst du die Schuld.«

»Isch babbel møische midem Parrer«[158], war Hannes kaum zu hören.

»Wøs hoste gesät?«[159], regte sich der Vater auf.

»Isch babbel møische midem Parrer«, schrie Hannes und rannte aus dem Schlafzimmer.

Wie vom Hof gejagt setzte sich Hannes in sein Auto und fuhr in die Stadt. Was wird ihn dort erwarten?

Liegt Isabell halb tot im Bett? Hat Tabletten geschluckt? Wird sie ihn schreiend empfangen?

Ist sie überhaupt da?

Treibt sie sich mit anderen Männern herum?

Hannes fuhr zum Dorf hinaus. Apfelbäume standen an der Straße. Sie waren wie in Nebel gepackt. Seine Augen schwammen im Wasser. Ein winziger Ruck am Lenkrad.

Der Apfelbaum würde standhalten.

Hannes schluchzte auf.

---

158 »Ich rede morgen mit dem Pfarrer.«

159 »Was hast du gesagt?«

Der Retter

Zwei Felsbrocken
Isabell und Rita
Glitschen
Monolithenschwer
Im Schneckentempo
In eine Senke
Zermalmen den Retter
In seiner Demut

1975 – Im Gleis

Hannes und Isabell stiegen in Pfalzberg in den letzten Personenzug.

Es war Sonntagnacht, 23:45 Uhr.

Am ersten Bahnhof im Spessart stiegen sie aus. Sie standen allein auf dem Bahnsteig. Es regnete. Sie zogen sich die Kapuzen ihrer Regenjacken ins Gesicht.

Die roten Schlusslichter des Zuges verschwanden in der Nacht. Das Klacken der Räder verstummte. Sie nahmen sich an der Hand, traten aufs linke Gleis, auf dem würden die Züge auf sie zukommen.

Der Schienenstrang durchschnitt den Wald in zwei Hälften und verlor sich im Dunkel.

Die Konturen der Baumwipfel flossen in das Schwarz der Nacht. Der Regen wurde stärker und stand wie eine Wand vor ihnen. Die Lider wurden zu Schlitzen, um die Augen vor der Nässe zu schützen. Ihr Schritt musste ausgreifend sein, um die Schwellen zu treffen, die in einem korrekten Abstand verlegt und klitschig waren. Traten sie in den Schotter, könnten sie umknicken. Das Schwellenholz getränkt, der Schotter verschmiert von Pflanzenschutzmitteln, vom Öl und Fett, das von den Drehgestellen der Loks tropfte und von Exkrementen, die aus den Klos der Personenzüge aufs Gleis gespült wurden. Das Bahnhofslicht spiegelte sich auf der Oberfläche. Doch als der Bahnsteig hinter ihnen lag, liefen sie hinein in die Finsternis.

Der Schritt hatte sich eingerichtet. Kamen sie ins Stolpern oder rutschten unversehens, fingen sie sich gegenseitig auf. Sie liefen ewig. Zwei Schatten, aufgefressen vom Dunkel. Vom Regen. Ihre Hände miteinander verflochten.

Kein Zug kam ihnen entgegen.

Sie hatten nicht bedacht, dass in der Nacht vom Sonntag auf Montag nur wenige Züge unterwegs waren. Die Nahverkehrszüge fuhren erst um fünf in der Frühe wieder. Bis der Morgen kam waren vielleicht zwei, drei Nachtzüge unterwegs. Güterzüge verirrten sich ganz selten am Ende der Woche auf dieser Strecke. Am Montagabend würde man wieder einen nach dem anderen über den Spessart poltern hören.

Hannes und Isabell liefen und schwiegen. Wurden sie langsamer, zwang sie der Schotter wieder auszuschreiten, um die Schwellen zu treffen.

Alle zweihundert Meter ein Kilometerstein. Weiß gestrichen, mit schwarzen Zahlen. Kniehoch. Gerade Zahlen. Die Zahlen ausgewaschen. Sie warteten wie Mahnmale am Wegesrand. Wie wenn sie den letzten Weg der beiden begleiten wollten. Hannes und Isabell waren gespannt auf die nächste Zahl, obwohl sie diese schon kannten. Oben die Kilometer unten die Hunderterzahlen.

Alle Kilometer ein Fernsprecher. Wie viele F-Kästen hatten sie schon passiert? Ihre Hände weiterhin im festen Griff.

Sie hatten sich verbunden. Diesen Gang wollten sie miteinander gehen. Plötzlich stand der Entschluss, klar, wahrhaftig. Getroffen wie ein Urteil. Unumkehrbar. Ein Todesurteil.

Sie fühlten sich benutzt und weggeworfen. Schon ein ganzes Leben lang. Hatten sich in den Schmerz des anderen fallen lassen. Der sich so gleich anfühlte. So bekannt. So vertraut. Sie wussten sich aufgehoben beieinander.

Und doch in Aufruhr.

Sie irrten wie in einer Moorlandschaft, in der sich unter jeder Pfütze ein Abgrund verbergen konnte. Beide wussten, dass es da kein Halten gab.

Wenn sie tagelang im Bett lagen, die Kissen nass geweint, spürten sie eine Nähe, die sie so nicht kannten. Vereint waren sie miteinander. Einen Weg, da herauszukommen, gab es nicht.

Sie hörten einen Zug kommen. Sie erschraken und blieben stehen. Woher kam er?

Sie nahmen sich in die Arme. Umklammerten einander. Den Kopf am Hals des anderen versenkt. Die Augenlider zusammengepresst. Die Augen schmerzten.

So standen sie. Mutig entschlossen.

Die Stahlräder schliffen an den Schienenköpfen. Messerscharf war ihr Ton. Das Kreischen eilte dem Zug voraus. Gellend, schrill fuhr ein Krachen in ihre Ohren und holte zum Schlag aus.

Hannes und Isabell schrien.

Der Zug prügelte auf sie ein und schlug sich in die Nacht.

Sein höhnisches Gelächter hing in der Luft und starb ab.

Das Signal vor ihnen sprang von grün auf rot.

Stille.

Das Nebengleis wäre das richtige gewesen.

Wie jetzt weiterkommen? Wird die Kraft für den nächsten Schritt reichen? Das grüne Licht am Signalmast forderte auf weiterzugehen. Sie kamen wieder ins Laufen. Die gleiche Richtung. Den Zügen entgegen. Das nasse Gleis glänzte und zeigte den Weg.

Der nächste Bahnhof. Beleuchtet. Wie eine Kulisse in die Nacht gestellt. Außerhalb des Dorfes. Der Wald warf seine Schatten auf das Licht. Die Gleise verliefen sich im Wald und verschwanden im Dunkel.

Isabell und Hannes arbeiteten sich hinein in die Finsternis. In ihr Schweigen. Hinein in eine Stille, in der sie für immer verschwinden würden. Und schrie ein Kauz, fuhren sie zusammen. Dann ruckten ihre Köpfe und sie starrten dem Schrei entgegen, der abriss und eine schwarze Leere hinterließ. Die Hände verkrampften. Hannes und Isabell wechselten die Seiten. Die Schuhe durchgeweicht. Die Hosen klebten an den Beinen. Die Nässe unerbittlich. Kalt. Kroch in ihre Leiber hinein.

Dann standen sie im Schotter. Wagten sich nicht weiter.

Und wieder das Ächzen der Gleise. Das Erzittern des Bahnkörpers. Die Fahrleitung zerrte am Gestänge. Sturm und Wasser hetzten dem Zug voraus und stürzten sich auf die Geschlagenen.

Der Moloch war plötzlich vor ihnen. Sprang sie an. Sie fielen aus dem Gleis, strauchelten, rutschten die Böschung hinab. Überschlugen sich. Ein Krachen über ihnen. Puffer und Kupplungen droschen aufeinander ein. Stahl auf Stahl. Bremsklötze glühten auf den Stahlreifen. Wie leuchtende Brocken huschten sie vorbei. Plärrten.

Der Tod kam hier gewaltig daher.

Sturmböen jagten unter den Wagen. Der Zug, eingehüllt von einer Wolke aus Wasser, Pflanzenschutzmitteln, Exkrementen und Altöl. Die Bestie brüllte, baute sich auf und warf sich in die Nacht, wie wenn es seine Opfer jagen wollte. Und verschwand. Nur der Schienenstrang bewahrte sich noch für eine kurze Zeit ein Zittern.

Dann Grabesstille.

Stumm lagen sie da. Erschrocken. Wie einem Albtraum entronnen.

»Diese kleine Weile hatte etwas Großes, etwas Heiliges«, erzählten sich Isabell und Hannes.

Sie krochen auf Händen und Knien und fanden sich wieder. Lagen neben dem Schotterbett, eng umschlungen. Weinten. Lachten. Leicht war ihnen. Auf einmal.

Sie halfen sich auf mit der Gewissheit, etwas Großes geschaffen zu haben.

Sie wollten leben.

Sie liefen auf der Straße Richtung Pfalzberg. Sie hielten sich an den Händen.

»Auf dieser Straß' sind wir mit dem Bus gefahrn, als mir uns kennegelernt hon«, erzählte Hannes.

»Ja, das war vor gut drei Jahren«, erinnerte sich Isabell.

Orte und Personen

Das Dorf im Spessart: Heurich
Nachbardörfer: Bucheck, Marktgemeinde Lebrach
Dorfbahnhof in der Nähe: Adelsbrunn
Stadt Pfalzberg mit Bahnhof
Örtliche Berge: Wolfsbuckel, Mönchsberg
Hauptfigur 1: Karl, geb. 1920
Vater: Anton, geb. 1886, Mutter: Olga, geb. 1887
Tochter Trude, geb. 1908
Söhne, die Zwillingsbrüder Max und Seppl, geb. 1909
Hebamme Lisbeth
Amme Berta, geb. 1902, ihre Tochter Marie, geb. 1919
Karls Ehefrau Hedwig
Nachbarin Kunigunde, geb. 1908, Gatte Schreiner Benedikt
Freund Alfons, Vater Bruno
Schullehrer Wagenhöfer
Pfarrer Hufnagel
Mesner Egon
Busfahrer Otto, seine Frau Marta
Totengräber Hans
SA-Mann Ferdinand, Frau Jule, Tochter Gisela, Sohn Konrad
Bürgermeister Wilfried, Frau Rosa
Ordensschwestern:
  Clothilde: Kinderschwester
  Apollonia: Krankenschwester
  Bernadette: Handarbeitsschwester

Hauptfigur 2: Hannes
Hannes' Freundin Isabell
Mutter Rita, geb. 1921, Vater Jakob geb. 1921

Bruder Bertram, geb. 1948
Großmutter Elfriede, geb. 1898, Großvater Arthur, geb. 1895
Nachbarn Edgar und Lene
Hebamme Hilda
Hannes Freunde: Gregor, Ottmar, Klaus
Hannes Schulkollegin Regine
Pfarrer Hufnagel
Mesner Oswald
Tierarzt Wuttke
Klobenvitus
Ordensschwester Adelgund

Über den Autor Reinhold Franz-Reisert

- Geboren 1952 in Hösbach-Rottenberg, einem Dorf im Vorspessart
- Aufgewachsen in einer kleinbäuerlichen Familie mit Eltern, drei Geschwistern und Großeltern
- Nach dem Besuch der Volksschule Ausbildung zum Maschinenschlosser in Aschaffenburg
- Lokführer bei der Deutschen Bahn
- Ehrenamtliches Engagement in der Straffälligenhilfe
- Mitglied in verschiedenen Musikgruppen
- Kurse »Kreatives Schreiben« an der Goethe-Universität in Frankfurt
- Autobiografie: »Fragmente eines Lebens«
  Nicht veröffentlicht
- Selbstorganisierte Lesungen vor Publikum

Novitäten im Franzius Verlag

»Die Siegel Asinjas –
Teil 3: Die Macht der Dämonen«
Fantasy-Roman / Young Adult
von Andi LaPatt
ISBN 978-3-96050-212-8

»Fette Sau – Ich bin gegen Mobbing – und Du?«
Roman von Christiane Kromp
ISBN 978-3-96050-201-2

»Nachbeben – Oder gehört das ganze Leben in die Änderungsschneiderei?«
Liebesroman von Sybille Statz
ISBN 978-3-96050-192-2

»Endstation Himmel – Die letzten Jahre mit meinen pflegebedürftigen Eltern«
Roman basierend auf wahren Begebenheiten
von Angelika Lorenz
ISBN 978-3-96050-186-2

»Shitstorm – Ein Edda-Valby-Krimi«
Band 2 der Edda-Valby-Reihe
Skandinavienkrimi von Neal Skye
ISBN 978-3-96050-232-6

»Rechne mit dem Tod«
Band 3 der Edda-Valby-Reihe
Skandinavien-Krimi von Neal Skye
ISBN 78-3-96050-243-2

»The Train Ticket - A Scottish Adventure«
Englische Ausgabe des deutschsprachigen Originals
Von Monica Heinz, ISBN 978-3-96050-238-8
Originalausgabe: "Das Zugticket"
ISBN978-3-96050-188-6

»Blutspur 629"
Band 3 der "Rich & Mysterious«-Reihe
Detektivroman von Neal Skye, ISBN 978-3-96050-214-2

Sachbücher und Ratgeber

»Verschenke deine Zeit sinnvoll - Die Kunst, Zeit bewusst in das zu investieren, was dich erfüllt«
Von Regula Meile
ISBN 978-3-96050-233-3 (Hardcover)
ISBN 978-3-96050-234-0 (Softcover)

»Entzündungen natürlich behandeln — Die grüne Taschenapotheke«
Von Prof. Dr. Nadine Berling
ISBN 978-3-96050-203-6 (Hardcover)
ISBN 978-3-96050-210-4 (Softcover)

»Enneagramm und Hochsensibilität– Die neun Persönlichkeitstypen und ihr Entwicklungspotenzial«
Von Dr. Marianne Skarics
ISBN 978-3-96050-215-9 (Hardcover)
ISBN 978-3-96050-170-1 (Softcover)

»Nicht offensichtliche Megatrends – Wie man erkennt, was andere übersehen, und die Zukunft vorhersagt«, Deutsche Erstausgabe
Von Rohit Bhargava
ISBN 978-3-96050-198-5 (Hardcover)
ISBN 978-3-96050-091-9 (Softcover)

»Grenzenlos – Wie man seine Berufung findet und mit drei weiteren essenziellen Faktoren die individuelle Balance schafft, um im völligen Einklang mit dem eigenen Leben zu sein«, Deutsche Erstausgabe

Von Laura Gassner Otting
ISBN 978-3-96050-197-8 (Hardcover)
ISBN 978-3-96050-192-3 (Softcover)

»Wenn Millennials übernehmen — Bereiten Sie sich auf die amüsant einfache Geschäftswelt der Zukunft vor«, Deutsche Erstausgabe

Von Jamie Notter und Maddie Grant
ISBN 978-3-96050-208-1 (Hardcover)
ISBN 978-3-96050-206-7 (Softcover)

»200 Ratgeber oder dieser – Die Essenz aus über 200 Ratgeber-Bestsellern zu den Themen: Glück, Gelassenheit, Gesundheit, Schlaf, Ernährung, Stress, Bewegung, Zeitmanagement, Kommunikation, Beziehungen, Erziehung und Finanzen. Mit Literaturtipps!«

Von Dr. Florian Hartnack
ISBN 978-3-96050-218-0 (Hardcover)
ISBN 978-3-96050-217-3 (Softcover)

»Mit dem LEADERSHIP COURSE zu innerer Stärke, Souveränität und positiver Führungskraft«, Deutsche Erstausgabe
Von Frederick Dodson
ISBN 978-3-96050-225-8

Handbuch Kommunikation: Wie Sie Ihre Ausstrahlung, Stimme und den Wortschatz verbessern sowie Präsenz, Integrität und Authentizität erlangen«, Deutsche Erstausgabe
Von Frederick Dodson
ISBN 978-3-96050-223-4 (Hardcover)
ISBN 978-3-96050-222-7 (Softcover)

»30 Tage, um eine Katze zu werden – Mein Übungsbuch, um mich weiterzuentwickeln und zu erstrahlen«, Deutsche Erstausgabe
Von Stéphane Garnier
ISBN 978-3-96050-228-9 (Hardcover)

Kinder- und Jugendbücher

»Acello und das alte Museum«
Band 5 der »Acello«-Reihe
Von Mirjam Wyser
ISBN 978-3-96050-220-3

»Die Kristallkinder und die Suche nach dem Gralskelch«
Band 4 der »Kristallkinder«-Reihe
mit 12 Illustrationen von Gabriele Merl
Von Mirjam Wyser
ISBN 978-3-96050-227-2

»Der weise Zauberer: Abenteuer im Traumland«
Band 2 der »Weise Zauberer«-Reihe,
mit 13 Illustrationen von Gabriele Merl
Von Mirjam Wyser
ISBN 978-3-96050-241-8